乡村振兴·农村干部赋能丛书

农村集体经济发展与资产管理

NONGCUNJITIJINGJI
FAZHANYUZICHANGUANLI

王彩明 主编

济南出版社

前言

中国式现代化是全体人民共同富裕的现代化。发展新型农村集体经济，有利于提高农民收入水平，促进农村农民共同富裕。党的二十大报告指出，全面建设社会主义现代化国家，最艰巨最繁重的任务仍然在农村，并强调要发展新型农村集体经济，全面推进乡村振兴。发展壮大农村集体经济，是加快实现乡村振兴的重要举措和必由之路，也是持续提高农民生活水平、扎实推动共同富裕的重要保障。

习近平总书记强调，"把强化集体所有制根基、保障和实现农民集体成员权利同激活资源要素统一起来，搞好农村集体资源资产的权利分置和权能完善，让广大农民在改革中分享更多成果"。他还指出，"人力投入、物力配置、财力保障都要转移到乡村振兴上来"；"要破除妨碍城乡要素平等交换、双向流动的制度壁垒，促进发展要素、各类服务更多下乡"。

2024年6月28日十四届全国人大常委会第十次会议表决通过《中华人民共和国农村集体经济组织法》，于2025年5月1日起施行。该法将更加有利于促进新型农村集体经济高质量发展，确保在坚持家庭承包经营基础地位、调动广大农民积极性的同时，充分发挥农村集体经济组织在巩固社会主义公有制、社会主义基本经济制度和农村基本经营制度中的重要作用，对于维护好广大农民群众根本利益、实现共同富裕具有重要意义。

本书用六个模块，围绕"农村集体经济发展与资产管理"这一主题展开。其中，模块一从新型农村集体经济入手，介绍农村集体经济概况、发展历程和发展现状；模块二介绍农村集体经济组织；模块三介绍如何选择农村集体经济发展的路径和模式；模块四介绍农村集体经济组织"三资"管理；模块五介绍农村集体经济组织筹资、投资、收入、费用及收益分配的管理；模块六介绍农村集体经济组织会计报表及分析。本教材运用案例分析等手段，将理论与实践紧密结合。

本书由王彩明担任主编，程宪强、曹美娟、黄盼盼、郭继宏担任副主编，靳翠茹、徐西莹、陈潇宁担任编委。

本书在编写过程中得到中共济宁市委组织部的指导和帮助，在此表示衷心感谢！由于编者水平有限，本书难免存在疏漏和不尽完善之处，恳请广大读者批评指正。

编　者

2024 年 9 月

目 录

模块一 认识新型农村集体经济 ··· 1
    项目一 农村集体经济概述 ·· 2
    项目二 农村集体经济的发展历程 ·· 7
    项目三 农村集体经济的发展现状 ·· 14

模块二 认识农村集体经济组织 ·· 16
    项目一 农村集体经济组织概述 ·· 17
    项目二 农村集体经济组织的设立 ·· 25

模块三 选择农村集体经济发展的路径和模式 ································· 36
    项目一 农村集体经济发展主要路径 ··· 37
    项目二 农村集体经济发展模式选择 ··· 40
    项目三 农村集体经济发展模式的选择原则 ································· 58

模块四 农村集体经济组织"三资"管理 ·· 64
    项目一 农村集体经济组织"三资"管理概述 ······························ 64
    项目二 农村集体经济组织资金管理 ··· 69
    项目三 农村集体经济组织资产管理 ··· 78
    项目四 农村集体经济组织资源管理 ··· 85

模块五 农村集体经济组织筹资、投资、收入、费用及收益分配的管理 ········ 90
    项目一 农村集体经济组织筹资 ·· 91
    项目二 农村集体经济组织投资 ·· 93
    项目三 农村集体经济组织收入、支出 ······································· 95

项目四　农村集体经济组织收益及分配 …………………………………… 100

模块六　农村集体经济组织会计报表及分析 ……………………………… 105
　　项目一　认识村集体经济组织会计报表 …………………………………… 106
　　项目二　编制资产负债表 …………………………………………………… 109
　　项目三　编制收益及收益分配表 …………………………………………… 115
　　项目四　编制科目余额表和收入支出明细表 ……………………………… 119
　　项目五　编写财务情况说明书 ……………………………………………… 123
　　项目六　财务指标分析 ……………………………………………………… 125

参考文献 ………………………………………………………………………… 129

附录一　中华人民共和国农民专业合作社法 ………………………………… 130
附录二　中华人民共和国农村集体经济组织法 ……………………………… 141
附录三　农村集体经济组织财务制度 ………………………………………… 154
附录四　农村集体经济组织会计制度 ………………………………………… 159
附录五　农村土地承包合同管理办法 ………………………………………… 171

模块一　认识新型农村集体经济

学习目标

1. 理解农村集体经济的概念和特征；
2. 了解我国农村集体经济的发展历程；
3. 掌握发展农村集体经济的意义。

案例导学

小岗村改革不停步，集体经济发展创新局

2024年2月1日，安徽省凤阳县小岗村迎来第七次分红，作为村集体经济股份合作社的股东，村民每人喜提700元"红包"。

40多年前，这个普通的村庄，因18位农民冒险摁下"红手印"，搞起了"大包干"，开启了"家庭联产承包责任制"的历史性变革。40多年间，小岗人争当改革先锋，不断开拓创新、勇闯新路，推动村庄面貌发生了翻天覆地的变化。

2015年7月，多位小岗村村民领到了农村土地承包经营权证，既稳定了农村土地承包关系，保护了农民土地权益，也为促进土地适度规模经营、发展现代农业奠定了坚实基础。

为促进集体经济发展和村民增收，2016年，小岗村开展了集体资产股份合作制改革和"资源变资产、资金变股金、农民变股东"试点。经过成立组织、清产核资、成员身份界定、配置股权，小岗村成立了集体资产股份合作社。合作社将小岗村现有经营性资产和无形资产核算作价，以占股49%与小岗村创新发展有限公司合作经营，村里领到股权证，从"户户包田"实现了对村集体资产的"人人持股"。

此后，小岗村紧跟农业农村改革进程，土地经营权实现有序流转，农业实现适度规模经营，改造提升高标准农田、抓好粮食生产不放松，促成蒸谷米公司、小岗村春禾智慧农业科技园等更多产业项目落地，积极创建国家AAAAA级旅游景区、打造特色民宿、发展直播等，实现了三产融合加速推进，再次进入发展快车道。

从2018年第一次分红350元，到2024年分红700元，实现分红六连增的背后，是小岗村集体经济收入和村民收入的"双增"。2023年，小岗村实现村集体经济收入1 420万元，村民人均可支配收入34 900元，较上年同比分别增长9.2%和5.8%。

村容村貌美了，居住环境好了，人情开支少了……从"户户包田"到"人人分红"，小岗村村民见证了从解决温饱到迈向振兴的乡村大变化。

项目一　农村集体经济概述

一、农村集体经济

2016年12月，中共中央、国务院出台的《关于稳步推进农村集体产权制度改革的意见》把农村集体经济界定为"集体成员利用集体所有的资源要素，通过合作与联合实现共同发展的一种经济形态，是社会主义公有制经济的重要形式"。

我国的集体经济是伴随着中华人民共和国成立初期对农业、手工业和资本主义工商业的社会主义改造而形成和发展起来的，按照地域可分为农村集体经济和城市集体经济。

二、农村集体经济的特征

（一）农村集体经济是社会主义公有制在农村的具体体现

农村集体经济，主要生产资料归农村集体经济组织成员集体所有，否认私人产权，实行家庭经营与集体统一经营相结合的双层经营体制，是实现农村集体所有制的一种经济形式。其本质是农民的合作与联合，核心是财产的合并，发展目的是增强农民个体能力。农村集体经济不仅涵盖集体劳动等生产范畴，还涵盖集体占有、集体经营、集体分配等管理范畴，是社会主义公有制经济在农村的体现。

生产资料公有制是集体经济的基础，也是我国的基本经济制度。在此基础上积累形成的共同财产是集体经济组织从事生产经营活动的重要保障。农村土地集体所有制是生产资料公有制的基本形式之一，它打破了封建地权，否定了私有制，杜绝了土地买卖，也就杜绝了土地食利者，符合社会主义"地利共享"的基本理念。今天，在推进中国特色社会主义事业的进程中，中国共产党始终重视农村集体经济的发展。在深化农村改革的过程中，习近平总书记始终强调，"不管怎么改，都不能把农村土地集体所有制改垮了"。

（二）农村集体经济是具有鲜明中国特色的农村经济形态

农村集体经济是在实践中不断探索、创造出来的，是我国独有的一种经济形态。农村集体经济实行土地等生产资料集体所有，以集体成员为创造主体和价值主体，其发展与集体成员的切身利益紧密相关，担负着组织农民和发展农民的重任。

（三）农村集体经济的实现形式与时俱进、丰富多样

人民公社时期（1958—1983），高级农业生产合作社是我国农村集体经济的最初形态，《农村人民公社工作条例（修正草案）》确立了"三级所有，队为基础"的集体所有制度。在此制度下，农户不再是一个独立的财产主体和经营主体，农村的土地等资产的所有权和使用权统一在了一起，分别属于人民公社、生产大队、生产队三级集体所有。

20世纪70年代末，在极端贫困地区开展的以包干到户为主要形式的农村改革，在坚持土地集体所有的前提下，将原来高度集中的统一经营方式，逐步改变为以农户家庭分散经营为主的经营方式，使农民拥有了土地承包经营权，并逐渐在集体土地上不断地积累起自己的财产。20世纪80年代中期，在东部沿海相对发达地区探索开展的农村集体产权制度改革，在坚持农村土地集体所有和家庭承包经营的基础上，明确了每个成员享有集体资产的股份或份额。

实践的脚步一刻也没有停止，在经历了几十年的改革探索后，2015年以来，中共中央下大力气推动农村集体产权制度改革试点，核心仍然是坚持农民集体所有不动摇，将农村集体资产的所有权确权到不同层级的农村集体经济组织成员集体，发展农民股份合作。

不同时期农村集体经济的实现形式各不相同，但从总体上看，随着经济社会发展水平的提高，农村集体经济的实现形式愈发丰富多彩，其外延和内含也做到了与时俱进，具有旺盛的生命力和包容性。

三、新型农村集体经济

新型农村集体经济是指党的十八大以来，在坚持农村基本经营制度的前提下，通过农村集体产权制度改革建立起来的归属清晰、权能完整、流转顺畅、保护严格的集体经济；是主要利用农村集体所有的资源资产，开展多种形式的合作与联合，促进集体资产保值增值，实现集体成员共同发展的一种经济形态。其本质仍是农村集体经济，仍是社会主义公有制经济的重要组成部分。

与传统农村集体经济相比，新型农村集体经济除了包括劳动联合外，还包括土地、资金、技术、管理等各种要素的联合，而且它还可以与其他所有制经济联合，其所有者也从农村集体延展到农户个体、国有企业、城镇工商企业等多元化经营主体。新型农村集体经济的特征体现在四个方面。

（一）产权关系明晰

传统农村集体经济产权关系模糊，产权主体虚置，权责不明确，集体资产资源被侵占、挪用的现象时有发生。而产权关系明晰则是新型农村集体经济最为核心的特征，它通过将集体经营性资产资源折股量化到集体成员，赋予了农民对集体资产资源股份的占有、收益、有偿退出及抵押、担保、继承等权能。

（二）治理机制有效

传统农村集体经济大多"政经不分"，经济组织与村"两委"在人员、职能、财务等方面界限不明确，经营决策往往由少数村干部决定，监督机制也不健全。而新型农村集体经济组织则被赋予了特殊法人地位，它按照现代企业制度运营，成立成员（代表）大会、理事会、监事会，在重要事项上实行民主决策、民主管理，决策机制更加健全，与村"两委"实现了合理分工、各负其责、相互配合、职能界限明确。

（三）经营方式稳健

传统农村集体经济大多由村组织统一经营管理，产业形式和经营方式都较为单一，缺乏专业化的管理人才和高效的管理体系，抵御自然风险和市场风险的能力较弱。而新型农村集体经济经营形式更加灵活多样，它通过抱团发展或者与新型农业经营主体融合发展，引入现代生产要素，成为农业产业链的重要组成部分，抵御自然风险和市场风险的能力显著提高，经营方式更为稳健，可持续发展能力明显增强，有效实现了集体资产的保值增值。

（四）收益分配合理

传统农村集体经济大多收入水平较低，收益分配形式较为单一，农民难以从集体经济中获得较高收益。而新型农村集体经济不仅是劳动者的劳动联合，更是劳动者在土地、资本、技术、管理等方面的联合，其收益分配机制更为健全，更为注重集体增收和村民致富的互利共赢，收益分配实现了股份化、制度化、透明化，真正做到了让村民在农村集体经济发展中真受益、得实惠。

四、发展农村集体经济的意义

（一）发展农村集体经济是坚持社会主义道路的内在要求

作为社会主义国家，我国农村农业的改革与发展必须始终坚持公有制经济的主体地位，发展壮大农村集体经济是社会主义公有制经济在农村经济中占据主体地位的基本保证。大力发展农村集体经济是彰显中国特色农村基本经营制度优越性、巩固中国特色社会主义制度基础的重要途径。1992年，邓小平同志在南方谈话中将社会主义的本质概括为："解放生产力，发展生产力，消灭剥削，消除两极分化，最终达到共同富裕。"农村集体经济具有经济发展和社会保障的双重功能，发展壮大农村集体经济不仅能解放和发展生产力,还能"消灭剥削,消除两极分化",进而促进"共同富裕"目标的实现。

(二)发展农村集体经济是提升村级组织服务能力、提升基层党组织凝聚力和战斗力的有效途径

习近平总书记强调,要把发展壮大村级集体经济作为基层党组织一项重大而又紧迫的任务来抓,着力破解村级集体经济发展难题,增强基层党组织的凝聚力,提高村级组织服务群众的能力。发展集体经济为保障农村基层组织正常运转、巩固党在农村的执政地位奠定了坚实物质基础,对增强村级组织凝聚力、号召力和战斗力具有十分重要的意义。

集体经济发展壮大了,就能更好地引导农民增加对土地的物质投入,引导农民科技兴农,从而增强农业发展潜力,使农业发展不断迈上新台阶。

(三)发展农村集体经济是实现乡村振兴和巩固脱贫攻坚成果的重要保证

党的十九大报告对乡村振兴提出了总的要求,即"产业兴旺、生态宜居、乡风文明、治理有效、生活富裕"。乡村振兴不能仅仅依靠上级财政的扶持和工业的反哺,也不能依赖农民个体的投入。习近平总书记指出:"要把好乡村振兴战略的政治方向,坚持农村土地集体所有制性质,发展新型集体经济,走共同富裕道路。"乡村振兴需要集体经济的强力支撑。

由于目前我国仍旧存在较为显著的城乡发展差距,因而要建成社会主义现代化强国,关键在于补齐农村这块发展短板。但个体经济、私营经济的逐利性又使乡村不可能依靠这两种经济形态实现全面振兴,所以我们必须发展壮大不单纯追求经济利益的农村集体经济。具体来说,发展壮大农村集体经济,一方面有利于推动资源变资产、资金变股金、农民变股民,从而在增加村民财产性收入、提高农民生活水平的同时,促进农村产业的兴旺。另一方面,有助于平衡眼前利益与长远利益的关系,在实现"金山银山"的同时保住"绿水青山";有助于增进村民之间的交流,形成团结、和谐的村风村貌;有助于提升村民的民主法治意识,激发村民自我管理的热情。

(四)发展农村集体经济是实现农业农村现代化的必然要求

农业现代化的实现需要完善的基础设施,而这一点的解决,单靠国家财政的支持是远远不够的,还需要农村集体经济在农村基础设施建设和公共产品供给上承担重要职责。

发达国家现代农业集约经营模式的经验启示我们:分散经营的耕地制度已不适合社会化大生产的发展趋势和市场经济竞争的社会环境。生态环境的保护也需要农村集体经济的支撑,农村集体经济的发展壮大有利于处理好经济建设与生态文明建

设之间的关系，通过以整村为单位的乡村整治和美丽乡村建设，可以从宏观上对农村进行有效治理，探索出以生态优先、绿色发展为导向的高质量发展的农业农村现代化道路。

简言之，发展壮大农村集体经济是当下实现乡村全面振兴的因时之举，也是补齐农村短板、加快推进社会主义现代化建设的有效之策。

项目二 农村集体经济的发展历程

中华人民共和国成立后，经过社会主义改造，集体经济成为中国农村经济的主要组成部分。农村改革启动后，农村集体经济经过多次改革和调整，不断明确职能定位、探索发展方向、创新实现形式，在农村经济中的地位发生了深刻变化，形成了多种多样的发展路径。我国农村集体经济的发展主要经历了以下四个阶段。

一、中华人民共和国成立初期农村集体经济的初步发展

从1949年中华人民共和国成立到1958年第一个人民公社产生之前，是我国农村集体经济初步发展时期。由于我国各地解放时间不同，互助组与合作社组织成立的时间早晚差别较大。1951年9月，中共中央召开全国第一次互助合作会议，形成了《关于农业生产互助合作的决议（草案）》。1953年2月，该草案经讨论通过成为正式决议，标志着把各类互助组织进一步发展为农业生产合作社成为全党的共识。

1953年12月，中共中央通过了《关于发展农业生产合作社的决议》，明确农民在生产上联合起来的具体道路是由临时互助组到常年互助组，到初级农业生产合作社，再到高级农业生产合作社。党的七届六中全会以后，我国农业合作化运动进入高潮，1956年底实现了初级农业生产合作社化，1957年底实现了高级农业生产合作社化。

一般来说，1953年之前是互助组发展时期；1953年至1955年是初级社发展时期；1955年至1958年人民公社产生之前，是高级社发展时期。互助组是基于土地、牲畜、农具等生产资料家庭私有基础上的劳动互助；初级社是半社会主义性质的初级农业生产合作社的简称，生产资料折合成股份为合作社所有，在分配上实行按劳分配为主、按资分配（即按股份分红）为辅；高级社是完全社会主义性质的高级农业生产合作社的简称，生产资料为合作社集体所有，采取按劳分配，取消按资分配。

从初级农业生产合作社向高级农业生产合作社的转变，实现了主要生产资料由社员私有转变为无差别的集体所有，并取消了土地报酬和按股分红，完全实行了按劳分配，这标志着农村集体经济的正式形成。

高级农业生产合作社是中国农村集体经济的初级形态，它的普及标志着集体经济成为中国农业农村发展的主导。但是，这时的集体经济组织还仅仅是一种经济组织，并不具有行政和自治职能。

二、农村集体经济的进一步发展

高级农业生产合作社在运行中出现了一些问题,主要表现在管理制度缺失、管理人员能力不足、日常管理松懈导致经营开支浪费、社员劳动积极性不高等方面,使得不少地区的农业生产退步,农民收入减少,出现了农民要求退社的情况。

面对此种情形,需要进一步探索农业生产的组织形式,巩固农村社会主义改造的成果。此时,有部分省市开始试办人民公社,实行小社并大社。此举得到了党中央的认可,并要求在全国推广。1958年8月,中共中央政治局扩大会议做出了《关于在农村建立人民公社问题的决议》,要求全国各地农村尽快将小社并成大社,"一般以一乡一社、两千户左右较为合适"。截至1958年9月底,全国已成立2.34万个人民公社,90.4%的农户加入了人民公社。人民公社实行生产资料公社所有制(全公社范围的集体所有制),采用供给制与工资制相结合的分配制度,坚持工农商学兵相结合、农林牧副渔全面发展,具有"一大二公""政社合一"的特点,形成了政治、经济、社会高度集中统一的管理体制。

人民公社1958年产生,1983年正式废止,存在了25年。这一时期是我国农村集体经济进一步发展的时期,在农村教育、医疗、养老等方面成绩突出。如:"赤脚医生"制度和农村合作医疗使"小病不出村,大病不出乡",这些费用就主要来自农村集体经济。但人民公社时期人们的物质生活水平提升却比较缓慢,原因有许多,如:这一时期是农业支持工业和国防发展的时期,这一时期人口的增长速度远远大于生产资料及各类物质产品的增长速度,等等。人民公社生命力逐渐弱化的根源,在于其后期在工商业发展方面政策欠缺。

三、联产承包阶段的农村集体经济

改革开放以来,我国逐步把传统计划经济转变为自主经营、自负盈亏的商品经济,进而再发展成市场经济。推行农村联产承包责任制,绝大多数农村从集体经营方式转变为家庭个体经营方式,农村集体经济发展的内在机制和外部环境发生了深刻变化。这对于农村集体经济来说,既是机遇,也是挑战,部分受到巨大冲击,部分迎来迅速崛起。国家在政策上鼓励和引导农村集体经济组织加强统一经营职能,承担更多的农业生产性服务,支持其通过为农户服务和开展多种经营壮大集体经济实力,支持其发挥联结农户和政府机构、服务部门及其他相关企业的桥梁作用。而农村集体经济也在逐步适应改革节奏的同时,沿着市场化改革的方向不断探索新的实现形式。

这一时期,尽管人民公社改为乡镇,但还是有少量村镇努力保持了基于人民公社核心理念的、集体经营下多业态发展的生产方式。它们多数是行政村,也有少数是乡镇,还有个别是村民小组。这些集体经济村庄在这一时期各自探索适合自己的经济产业和管理措施,并经过几十年的奋斗,多数成为全国有名的明星村或经济强村,有的在20世纪90年代就实现了共同富裕。这些村庄把发展经济和提高劳动者精神文化素质结合起来，成为当前集体经济发展中的典范。

（一）转向农户家庭经营

1982年，"中央一号文件"明确，"目前实行的各种责任制，包括……包产到户、到组，包干到户、到组，等等，都是社会主义集体经济的生产责任制"。之后，"包干到户"迅速普及，农业的家庭经营方式重新确立，统分结合的双层经营体制形成。农户通过向村集体承包土地，向村集体缴纳"三提五统"费用和农业税等，与集体经济组织发生联系。

随着农村市场化改革的深入，这种联系越来越弱，农户的市场主体地位逐步得到确认，农户家庭经营在集体经济中的独立性越来越强。农户家庭经营的迅速发展，特别是农户农业生产经营向专业化、规模化分化，推动了农业生产的社会化、专业化，深刻改变了集体经济的运行机制和农村经济的发展格局。

1993年3月29日第八届全国人民代表大会第一次会议通过的《中华人民共和国宪法修正案》，将原宪法第八条第一句"农村人民公社、农业生产合作社和其他生产、供销、信用、消费等各种形式的合作经济，是社会主义劳动群众集体所有制经济"修改为"农村中的家庭联产承包为主的责任制和生产、供销、信用、消费等各种形式的合作经济，是社会主义劳动群众集体所有制经济"。1999年3月15日第九届全国人民代表大会第二次会议通过的《中华人民共和国宪法修正案》将该处进一步修改为"农村集体经济组织实行家庭承包经营为基础、统分结合的双层经营体制。农村中的生产、供销、信用、消费等各种形式的合作经济，是社会主义劳动群众集体所有制经济"。

（二）加强集体统一经营

农村改革初期，统一经营主要由村集体经济组织承担，国家农业服务体系的部分职能及原由社队承担的农业服务职能，政策上均鼓励、引导村集体经济组织承担。国家要求村集体经济组织把满足农户农业生产性服务需求作为重要的发展方向，农业生产性服务在村集体经济组织统一经营中的作用更为重要。

但是，后来随着家庭承包制的普及，提供农业生产性服务所依托的集体资产多数转移到了农户手中，这使得村集体经济组织这方面的职能迅速弱化。在相关政策的推动下，一些农村集体经济组织开始尝试开拓服务业务或创办服务实体，但没有很好地发展起来。

（三）发展乡镇集体企业

人民公社解体后，乡镇政府和村级自治组织建立起来。社队兴办的集体企业以乡镇集体企业的名义延存下来，并迅速崛起。这得益于当时国家的改革举措和优惠政策中把发展乡镇集体企业作为重点支持方向，以及农村廉价的要素供给、城乡产品供不应求的巨大缺口等因素。

此后，乡镇集体企业数量迅速增加，规模迅速扩大。据统计，1998年，全国乡镇集体企业营业收入达到38 284.1亿元，利润总额达到1 945.8亿元，利税总额达到3 150.9亿元，资产总额达到26 316.8亿元，职工总数达到4 828.6万人。其中，乡镇集体工业企业70.5万个，职工总数3 534.5万人，总产值35 566.9亿元，工业增加值8 104.5亿元。乡镇集体企业在吸纳农村剩余劳动力、推动国民经济发展、带动农民增收等方面发挥了重要作用。20世纪90年代中后期，中国经济由卖方市场转为买方市场，市场竞争日趋激烈，乡镇集体企业竞争力不足的弊端开始显现。为了突破乡镇集体企业的发展困局，很多地区开展了进一步改革，很多乡镇集体企业由此转为民营企业。

（四）探索集体经济新型组织形式

为了适应不断变化的农村经济发展形势，国家也在探索农村集体经济的有效组织形式。其中，具有代表性的有三类。

第一，地区性合作经济组织，也被称作"社区合作经济组织"。1984年"中央一号文件"提出："为了完善统一经营和分散经营相结合的体制，一般应设置以土地公有为基础的地区性合作经济组织。这种组织，可以叫农业合作社、经济联合社或群众选定的其他名称；可以以村（大队或联队）为范围设置，也可以以生产队为单位设置；可以同村民委员会分立，也可以一套班子两块牌子。""首先要做好土地管理和承包合同管理；其次要管好水利设施和农业机械，组织植保、防疫，推广科学技术，兴办农田水利基本建设以及其他产前产后服务。"

第二，农村新经济联合体。为了解决农产品流通难题，提高农业综合经营效益，在鼓励农工商综合经营的政策导向下，农村集体经济组织积极参与组建形式多样的经济联合组织。在统计上，将这些经济联合组织称为"农村新经济联合体"。1988年，农村有新经济联合体47.1万个，从业人员433.9万人，总收入272.14亿元。农村新经济联合体分布在农村各个产业领域，但这主要是行政推动的结果，并未持续多长时间。

第三，股份制或股份合作制企业。部分乡镇集体企业在产权改革过程中，引入了股份制或股份合作制，形成了一批股份制或股份合作制企业，对提高乡镇集体企业的经营活力发挥了一定作用。1998年，全国乡镇股份制及股份合作制企业有18.98万个，职工人数903.61万人，营业收入7 959.65亿元，利润总额464.34亿元。

尽管从农村改革开始到20世纪90年代末，国家在推动农村集体经济发展方面做出了很大努力，但并未扭转集体经济在农村经济中不断弱化和边缘化的趋势。农村集体经济组织的农业生产性服务职能让位于各类市场主体和农民专业合作组织，导致农村集体统一经营不断弱化。虽然乡镇集体企业也获得了较大发展，但是相比迅速发展的个体经济、民营经济及其他乡镇企业，乡镇集体企业的发展仍显滞后，在乡镇企业中的地位也不断下降，跟城市企业的差距更是越拉越大。由于在市场竞争力上存在"先天不足"，后来很多乡镇集体企业处于停顿状态甚至破产倒闭，有些则改制为民营企业，这使得不少农村集体经济组织失去了收入来源，出现了大量的集体经济"空壳村"。

四、土地流转以来的农村集体经济

进入21世纪后，农村集体经济发展的外部环境发生了变化。在"工业反哺农业、城市支持农村"的党中央决策部署下，农村集体经济组织的作用再次逐渐得到发挥，主要表现为两大方面：一是农村集体经济组织的农业生产服务和农村公共服务职能得到强化。国家财政等资金向部分农村集体经济组织的倾斜，强化了集体经济组织的功能，提升了集体经济组织的地位。如：部分村集体通过建立产业园、整片流转土地等，探索盘活集体建设用地的方式，使集体经济注入了新的活力。二是城郊农村或城中村集体经济迅速发展。城郊农村或城中村借助区位优势，发展物业经济，探索集体资产保值增值的途径，迅速壮大了集体经济。需要指出的是，以上农村集体经济组织作用的强化和集体经济的迅速发展仍不具普遍性。在这一时期，虽然农村集体经济得到了发展，但仍相对落后于其他经济成分。且从全国层面看，农村集体经济持续弱化和边缘化的趋势没有改变，农村集体经济从事的生产经营领域仍在逐步缩小。尤其是乡镇集体企业的减少，导致农村集体收入迅速下降，集体经济"空壳村"、薄弱村仍在迅速增多。

党的十八大以来，党中央围绕让市场在资源配置中起决定性作用和更好发挥政府作用，全面深化改革。其中，推进农村土地制度、产权制度等方面改革的措施，为激发农村集体经济活力创造了良好的外部环境。2016年12月，中共中央、国务院出台了《关于稳步推进农村集体产权制度改革的意见》，明确要加大政策支持力度，清理废除各种阻碍农村集体经济发展的不合理规定。形势的好转、政策的出台，推动农村集体经济进入增强活力的创新发展时期。

（一）农村集体产权制度改革取得实质性进展

建立归属清晰、权能完整、流转顺畅、保护严格的农村集体产权制度，是激发农村集体经济发展活力的必然举措。2010年"中央一号文件"明确提出，鼓励有条件的地方开展农村集体产权制度改革试点。党的十八大以来，农村集体产权制度改革进程不断加快。党的十八届三中全会通过的《中共中央关于全面深化改革若干重大问题的决定》提出："保障农民集体经济组织成员权利，积极发展农民股份合作，赋予农民对集体资产股份占有、收益、有偿退出及抵押、担保、继承权。"随后，农村集体产权制度改革成为历年"中央一号文件"的重点内容。2014年11月，农业部、中央农办、国家林业局印发了经中共中央、国务院审议通过的《积极发展农民股份合作赋予农民对集体资产股份权能改革试点方案》，标志着农村集体产权制度改革试点工作全面启动。2016年12月，中共中央、国务院出台的《关于稳步推进农村集体产权制度改革的意见》指出，把"明确农村集体经济组织市场主体地位，完善农民对集体资产股份权能"作为改革方向，力争用3年左右的时间基本完成集体资产清产核资工作，用5年左右的时间基本完成经营性资产股份合作制改革，把农村集体经营性资产以股份或份额形式量化到本集体成员，作为集体收益分配的基本依据。该文件发布后，在已有的第一批29个县（市、区）的基础上，农业部、中央农办确定了100个县（市、区）为2017年度农村集体产权制度改革试点单位（第二批）；2018年，农业农村部扩大了试点范围，并推进整省整市试点，确定3个省份、50个地市、150个县（市、区）为2018年度农村集体产权制度改革试点单位（第三批）；2019年，中央农办、农业农村部确定12个省份、39个地市、163个县（市、区）为2019年度农村集体产权制度改革试点单位（第四批），要求全部试点任务到2020年10月底前基本完成。2020年3月，农业农村部印发《关于做好2020年农业农村政策与改革相关重点工作的通知》，提出要全面推开农村集体产权制度改革试点。

（二）农村集体经济实现形式呈现多元化

党中央在推进农村集体产权制度改革的同时，出台了很多扶持农村集体经济发展的政策。各地区也积极探索建立符合市场经济要求的农村集体经济运营新机制。

一是在集体经营性资产确权到户的基础上，通过土地入股、农民入社，解决土地细碎化和资产利用率低的问题，发展现代农业，推动农村产业融合发展。例如：贵州省六盘水市开展的资源变资产、资金变股金、农民变股东的改革，对消除集体经济"空壳村"取得了显著成效，其做法于2017年、2018年、2019年连续三年被列入"中央一号文件"，成为农村集体产权制度改革的重要内容。

二是以集体资产、财政资金或形成的资产入股、租赁等形式，引入工商资本或其他优质要素，培育新型农业经营主体，发展混合所有制经济。农村集体经济参与的混合所有制经济，主要是近年来由农村集体经济组织参与发展起来的乡村休闲旅游、农产品加工、农村电子商务等。

三是发挥基层党组织、村集体作用，组织集体成员规模化、标准化种养，建立综合服务中心，为农户提供产供销全程服务，帮助农户对接金融、技术、信息等服务。

四是将精准扶贫到户的财政补助资金、各级财政投入到村集体的建设项目资金作为村集体经济组织成员的股金，以此发挥村集体经济组织在产业扶贫中的作用。此外，国家还推动农村集体经营性建设用地直接入市、利用集体建设用地建设租赁住房等改革，为进一步创新农村集体经济的实现形式、开拓农村集体经济发展的路径提供了空间。

近年来，我国农村集体经济发展取得了突破性进展，农村集体产权制度改革加快推进，农村集体经济组织日益健全，农村集体经济发展模式和治理机制不断创新，为全面推进乡村振兴和实现共同富裕奠定了较好基础。农业农村部数据显示，目前全国乡、村、组级农村集体经济组织约96万个。从2021年为例，全国村集体经济组织总收入6 684.9亿元，村均122.2万元，其中经营收益5万元以上的村占总村数的59.2%。2022年全国村级集体经济组织总收入6 711.4亿元，年经营收益超过5万元的村占全国总村数的60.3%。

项目三 农村集体经济的发展现状

经过40多年的改革与发展，农村集体经济的内涵、外延、主要内容、在社会生活中的地位与影响都发生了很大变化。农村集体经济改革取得了显著成效，同时也存在一些问题。正确分析农村集体经济改革与发展的成效和存在的问题，才能继续深化农村集体经济改革，促进农村集体经济发展，不断壮大农村集体经济实力，为实现新时代乡村振兴战略提供扎实的经济基础。

我国新型农村集体经济的发展现状表现在以下五个方面。

一、农村集体经济组织的成员身份确认是集体经济发展的基础

根据农业农村部相关司编写的《中国农村政策与改革统计年报（2021年）》和《中国农村经营管理统计年报（2021年）》，截至2020年底，全国确认集体成员约有9亿人。在2015年的统计数据中，全国共有60.4万个村，其中建立村级集体经济组织的有24.4万个，占总数的40%；而村委会代行村集体经济组织职能的有36.0万个，占总数的60%。到了2020年，全国共有56万个村，其中建立村级集体经济组织的有53.2万个，占比达到了95%。可以看出，成员身份的确认和集体经济组织的建设取得了显著进展。

此外，2020年，全国乡镇、村、组三级共建立集体经济组织约96万个，都已在农业农村管理部门注册登记，领到了农村集体经济组织登记证。这意味着集体经济组织的法律地位得到了保障，有利于组织的合法运营和发展。

二、资产家底与资产增长

评估农村集体经济的发展，资产状况是一个重要指标。截至2020年底，全国共清查核实土地等资源面积达到65.5亿亩，而乡、村、组三级集体经济组织的资产总额（不包括土地等资源性资产）达到了7.7万亿元。其中，经营性资产达到了3.5万亿元，而三级集体经济组织的净资产（所有者权益）达到了4.6万亿元。从2012年到2020年，村集体经济组织的净资产从1.3万亿元增长到了3.7万亿元，村均净资产也从222万元增长到了686万元。这显示出农村集体经济资产持续增长，为乡村振兴提供了坚实的财务基础。

三、经营收益与"空壳村"减少

经营收益是评估农村集体经济健康发展的关键指标之一。从2012年到2020年底，

村集体经济组织本年实现收益从1 109.2亿元增长到2 137.8亿元，村均从18.8万元增长到39.6万元。这表明农村集体经济的经营收益持续增加。此时间段中，"空壳村"的数量也有所减少。所谓"空壳村"，是指村集体经济组织没有经营收益或经营收益在5万元以下的村。从2012年的数据中可以看出，全国共有46.2万个"空壳村"，占比为78.4%；而到了2020年底，这一数字降至24.6万个，占比为45.6%。与此相反，从2012年到2020年底经营收益超过10万元的村从7.5万个增加到19.7万个，超过50万元的村从2.7万个增加到4.7万个。这表明越来越多的村庄通过集体经济实现了经济效益，农村集体经济发展呈现出多元化趋势。

四、累计分红与财富分享

分红是体现农村集体经济发展的一项重要举措，它通过分享经济成果，提高了集体经济组织成员的收入水平。从2010年到2015年，全国完成产权制度改革的村累计股金分红总额从440.7亿元增长到1 593亿元，当年的股金分红总额也从87.8亿元增长到了1 593.3亿元。截至2020年底，全国完成产权制度改革的农村集体经济组织的分红累计达到4 085亿元，其中分给集体经济组织成员的占比达到82.1%，分给集体的占比为15%。这表明分红制度得到了广泛实施，并且财富得到了分享，有助于提高农村居民的收入水平。

五、新业态的探索与发展

为了推动农村集体经济的发展，各地开展了对多种新型经济业态的探索。根据资源、区位条件和帮扶政策的不同，各地发展了物业经济、乡村旅游、农产品初加工、社区性居间服务、农业企业合作等多种新型业态。这些新业态不仅为农村提供了增收机会，也促进了农村产业的多元化发展。

模块二　认识农村集体经济组织

学习目标

1. 了解我国农村集体经济组织的概念和特征；
2. 理解农村集体经济组织和村委会的关系；
3. 掌握农村集体经济组织的运营策略。

案例导学

从土地改革到战旗飘飘——战旗村土地集中经营的故事

战旗村是四川省成都市的一个普通农业村，位于郫都区、都江堰市、彭州市三地交界处，距离成都市中心40多千米。整个村子面积5.36平方千米，总人口4 493人，耕地5 441.5亩。2003年，战旗村率先搞起了土地集中经营，村里采取每人"集中三分地"到村集体，由村集体统一规划、经营管理，该部分土地的农业税由村里负担，经营收入按商定比例支付给村民。在当时，搞土地集中经营毫无疑问是一个大胆的尝试，很多村民持观望态度。之后，随着土地收入的提高，村民逐渐转变了态度。2006年以来，战旗村紧抓"统筹城乡"机遇，在大力推进新农村建设的基础上，组建了村级经济组织——战旗农业股份合作社，奠定了该村乡村振兴的基础。2015年，郫都区被列为全国农村集体经营性建设用地入市改革试点县，战旗村将原属村集体所办的复合肥厂、预制厂和村委会老办公楼所占的共13亩闲置集体土地，以每亩52.5万元的价格出让，收益超700万元。2022年，战旗村各方面产值合计约3.1亿元，村集体资产达到1.1亿元，村集体收入达到680万元，村民年人均可支配收入为3.85万元。

战旗村能取得如此成绩，源于村集体对国家政策的理解和对农村土地资源的灵活运用。

项目一 农村集体经济组织概述

一、农村集体经济组织

农村集体经济组织是指以土地集体所有为基础，依法代表成员集体行使所有权，实行家庭承包经营为基础、统分结合双层经营体制的地区性经济组织。其包括乡镇级集体经济组织、村级集体经济组织、组级集体经济组织，不包括农村供销合作社、农村信用合作社、农民专业合作社等合作经济组织。

农村集体经济组织是利用集体所有的资源要素开展各类经济活动的组织机构，是农村集体经济所有权的组织载体，是农村集体资产及资源的管理运营主体和所有权权能的行使主体。

《中华人民共和国宪法》（以下简称《宪法》）第八条规定："农村集体经济组织实行家庭承包经营为基础、统分结合的双层经营体制。农村中的生产、供销、信用、消费等各种形式的合作经济，是社会主义劳动群众集体所有制经济。"

二、农村集体经济组织的基本特征

根据农村集体经济组织的演变过程，结合农村改革以来农村集体经济组织的实践发展，可将农村集体经济组织基本特征梳理如下。

（一）以农民集体土地所有权为基础

农村集体经济组织是以农民集体土地所有权为基础建立的，每个农村集体经济组织都建立在特定地域范围内农民集体所有土地的基础之上。

（二）具有地域性

农村集体经济组织是按照农村一定地域即村组边界划分的，村组边界范围内的土地是集体的地域基础。

（三）具有唯一性与排他性

农村集体经济组织以农民集体所有的土地为基础，而特定地域范围内的土地只能由该地域范围内的农民集体所有。基于土地所有权的排他性，特定地域范围内只有一个农民集体土地所有权，只能成立一个农村集体经济组织。因此，每一个农村集体经济组织在特定地域范围内都是唯一的、排他的。

（四）成员具有相对封闭性与变动性

农村集体经济组织的地域性，决定了其成员只能是特定地域范围内享有集体土地所有权的农民。农村集体经济组织是一个相对封闭又不断变化的组织。

一方面，集体经济组织成员对外具有封闭性，只有特定地域范围内的村民，通常是长期居住、生活并且以该地域农民集体所有的土地为生活保障的村民及其后代，才能成为集体经济组织成员。

另一方面，集体经济组织成员对内又具有开放性。从成立初级合作社开始，农民便以户为单位加入合作社，而农户家庭人口的数量在不断变化，因此合作社社员的数量也随之变化。

（五）具有相对稳定性

普通企业在经营过程中可能因经营不善等破产。农村集体经济组织则不同，它建立在农民土地集体所有权的基础上，一旦破产，农民集体所有的土地就可能被处分，从而影响农村土地集体所有制。而坚持农村土地集体所有制又是一条不可逾越的红线，所以，为维护农村土地集体所有制，农村集体经济组织就不能像普通企业那样随意破产、解散和清算，它具有相对稳定性。

三、农村集体经济组织的发展历程

通常意义上所说的农村集体经济组织，是指产生于20世纪50年代农业合作化运动、建立在农村集体土地所有制基础上、具有中国特色的乡村社区型综合性经济组织。它发端于我国农业合作化运动时期，孕育于互助组、形成于初级社、定型于高级社、强化于人民公社时期。改革开放以来，农村集体经济组织发生了许多重大变化，主要经历了人民公社解体初期的农村集体经济组织、农村集体产权制度改革与新型农村集体经济组织发展等阶段。

（一）农村集体经济组织的产生

农村集体经济组织是中国共产党在领导广大农民进行社会主义革命与社会主义建设时的独特创造，是在农业合作化运动中孕育、产生的。具体来说，农村集体经济组织的诞生主要走了三大步，第一步是积极发展互助组，第二步是大力发展初级社，第三步是快速发展高级社。从1951年到1956年，在短短几年之内，农业合作化运动跨越了三大步，从而建立了我国历史上从未有过的具有独特性质的农村集体经济组织。

第一步：积极发展互助组。1951年9月，中共中央召开第一次农业互助合作会议，通过了《关于农业生产互助合作的决议（草案）》，提出引导农民走自助合作道路。截至1952年底，全国参加互助组的农户达到4 536.4万户，占农户总数的近40%；到1955年，参加互助组的农户达到6 038.9万户，占农户总数的50.7%。互助组是在农村生产资料私有制基础上产生和发展起来的，它以自愿互利为参加原则，不涉及农户土地及其他生产资料所有权的变更，是具有集体性质的劳动组织和劳动形式，也是初级农业合作社产生的重要基础。

第二步：大力发展初级社。初级农业生产合作社的成立标志着农村集体经济组织的正式诞生。初级农业生产合作社以土地入股为特点，它一方面建立在生产资料私有的基础上，即农民拥有土地和其他生产资料的私有权，按入股的土地分配一定的收获量，并按入股的工具及牲畜取得合理的报酬；另一方面建立在共同劳动的基础上，又有部分社会主义因素，如实行计工取酬、按劳分红，并拥有某些公共财产等。1953年，全国初级社发展到15 053个。1956年1月，全国初级社发展到最多，达到139.4万个，参加农户10 668万户，占全国农户总数的90%。

第三步：快速发展高级社。高级农业生产合作社的成立标志着农村集体经济组织的完成定型。1955年10月，中共七届六中全会（扩大）根据毛泽东《关于农业合作化问题》的报告，讨论通过了《关于农业合作化问题的决议》，并要求有条件的地方有重点地试办高级社，推动农业合作化运动急速发展。高级社规定，主要生产资料完全集体所有，社员的土地必须转为合作社集体所有，取消土地报酬。到1956年底，加入农业生产合作社的社员总户数已达全国农户总数的96.3%，其中初级社户数占8.5%，高级社户数占87.8%。仅在一年之内，我国就基本完成了高级形式的农业合作化。农业合作化运动的完成，标志着我国基本完成了对个体农业的社会主义改造，实现了中国农村土地的公有化即土地的集体所有制，在广大农村普遍建立了集体经济组织和集体所有制经济。

（二）人民公社时期

1958年8月，中央政治局扩大会议通过《关于在农村建立人民公社问题的决议》，决定把各地成立不久的高级农业生产合作社，普遍升级为大规模、政社合一的人民公社。到1958年10月底，全国74万个农业生产合作社合并成了2.6万多个人民公社，入社农户占农户总数的99%以上。

"政社合一"是人民公社的体制安排，人民公社既是一级政权机构，又是一个经济组织。到撤社建乡前的1982年，全国共有人民公社56 331个、大队75万个、生产队589万个。

我国农村人民公社一般实行三级管理、三级所有制。"三级所有"是指农村生产资料分别属于人民公社、生产大队、生产队三级组织所有。"队为基础"是指生产队作为人民公社的基本核算单位。至此，我国农村三级集体经济组织体系开始形成。

（三）人民公社解体初期的农村集体经济组织

人民公社1958年正式建立，1984年基本结束。1978年党的十一届三中全会之后，我国进入改革开放的新时期。为解决人民公社的体制弊端，各地开始探索政社分开、撤社建乡改革。到1984年底，全国共建乡84 340个，建镇7 280多个，新建村民委员会82.2万个。

关于在撤社建乡中如何处理和发展农村集体经济组织，1984年"中央一号文件"《关于一九八四年农村工作的通知》提出，政社分设后，农村经济组织应根据生产发展的需要，在群众自愿的基础上设置，形式与规模可以多种多样，不要自上而下强制推行某一种模式。一般应设置以土地公有为基础的地区性合作经济组织，这种组织可以叫农业合作社、经济联合社或群众选定的其他名称，可以以村（大队或联队）为范围设置，也可以以生产队为单位设置，可以同村民委员会分立，也可以一套班子、两块牌子。在实践中，各地具体做法不同，致使农村集体经济组织的形态、集体所有权的主体存在很大差异。

（四）农村集体产权制度改革与新型农村集体经济组织发展

2007年10月9日，农业部印发《关于稳步推进农村集体经济组织产权制度改革试点的指导意见》，强调改革要以股份合作为主要形式，以清产核资、资产量化、股权设置、股权界定、股权管理为主要内容。2014年11月22日，农业部、中央农办、国家林业局印发《积极发展农民股份合作赋予农民对集体资产股份权能改革试点方案》，重点围绕保障农民集体经济组织成员权利，积极发展农民股份合作，在赋予农民对集体资产股份占有、收益、有偿退出及抵押、担保、继承权等方面开展试点。2016年12月26日，中共中央、国务院印发《关于稳步推进农村集体产权制度改革的意见》，正式提出发展新型农村集体经济，强调"以推进集体经营性资产改革为重点任务"，提出"有集体统一经营资产的村（组），特别是城中村、城郊村、经济发达村等，应建立健全农村集体经济组织"。2017年3月通过的《中华人民共和国民法总则》（以下简称《民法总则》），首次将农村集体经济组织确定为"特别法人"。2018年，《十三届全国人大常委会立法规划》将农村集体经济组织方面的立法列为第三类项目。2018年11月，中央组织部、财政部、农业农村部联合印发《关于坚持和加强农村基层党组织领导扶持壮大村级集体经济的通知》，计划到2022年在全国范围内扶持约10万个行政村发展壮大集体经济。2020年5月通过的《中华人民共和国民法典》（以下简称《民法典》）进一步明确农村集体经济组织为"特别法人"，规定农村集体经济组织依法取得法人资格。2020年11月4日，农业农村部印发《农村集体经济组织示范章程（试行）》，对农村集体经济组织的名称、职能、成员及成员权利、资产经营和财务管理、变更及注销等相关事宜做了明确规定。

新型农村集体经济是在农村土地所有权、承包权、经营权三权分置理论、制度和政策体系支撑下发展起来的农村集体经济新形态，也是在农村集体产权制度改革过程中，伴随农村集体经济组织成员身份明确、集体所有制产权关系明晰和农村集体经济产权权能不断完善而发展起来的农村集体经济新的实现形式。

2015年至2019年，全国组织开展了四批农村集体产权制度改革试点，共有15个省份、89个地市、442个县（市、区）整建制开展试点，覆盖全国73%左右的县级单位。通过农村集体产权制度改革，2019年，全国共确认集体经济组织成员6.06亿人，其中镇级集体经济组织成员592.8万人、村级集体经济组织成员5.64亿人、组级集体经济组织成员3 677.3万人。2019年，全国共有46.5万个完成农村集体产权制度改革的单位取得登记证书，占完成农村集体产权制度改革单位的78.1%，其中，在农业农村部登记赋码的单位共有约45.2万个，包括镇级集体经济组织257个、村集体经济组织33.6万个、组级集体经济组织11.6万个；在市场监督管理部门登记的单位数有12 668个，包括乡镇级集体经济组织126个、村级集体经济组织10 029个、组级集体经济组织2 513个。

四、农村集体经济组织与村民委员会

根据现有的法律规定，农村集体经济组织和村民委员会是两个独立组织。《中华人民共和国村民委员会组织法》（以下简称《村民委员会组织法》）中规定，村民委员会是村民自我管理、自我教育、自我服务的基层群众性自治组织，实行民主选举、民主决策、民主管理、民主监督，是我国农村实行的村民自治制度的主要组织载体。而根据《宪法》和《中华人民共和国农业法》（以下简称《农业法》）等法律规定，农村集体经济组织是指以土地集体所有为基础，依法代表成员集体行使所有权，实行家庭承包经营为基础、统分结合双层经营体制的地区性经济组织，大致可以分为乡镇、村和村民小组三级。也就是说，在村一级，既存在村委会，也存在村级集体经济组织，前者是农村群众的自治组织，后者是具有独立进行经济活动自主权的经济组织，两者之间并不存在行政上的上下级关系。

根据相关法律规定和实践经验可以看出，两者之间的主要区别有四个方面。

（一）产生的时间与地域范围不同

就产生时间而言，农村集体经济组织经历了从中华人民共和国成立后实行农业社会主义改造时成立的初级合作社和高级合作社，到人民公社，再到农村改革后重新建立的乡、村、组的农民经济合作社等的演变；而村民委员会则是农村改革后在原生产大队基础上改制成立的。集体经济组织产生在先，村民委员会产生在后。就地域范围而言，村民委员会只设在村一级，农村集体经济组织既可以是村级的，也可以是乡（镇）级、村民小组级的。

（二）成员的构成不同

农村集体经济组织的成员主要是长期生活、居住在当地的原有居民及其后代，而村民既包括原有居民及其后代，也包括在本村居住一年以上的外来人员。因此，集体经济组织成员一般是村民，而村民有些不是集体经济组织成员，特别是在外来人口较多的经济发达地区，不少村民都不是集体经济组织成员。

（三）基本职能不同

农村集体经济组织依法代表成员集体行使所有权，应当充分发挥在管理集体财产、开发集体资源、发展集体经济、服务集体成员等方面的作用。按照《村民委员会组织法》的规定，村民委员会主要负责办理本村公共事务和公益事业，调解民间纠纷，协助维护社会治安，向人民政府反映村民的意见、要求和提出建议，即村民委员会主要承担社会职能，负责公益性事务，也可以接受政府委托从事管理性事务。

（四）经费来源不同

村民委员会办理公益事业所需经费来源既有公共财政资金，也有集体经济的收益；而农村集体经济组织的经费来源只能是集体经济的收益，不包括公共财政。

五、新型农村集体经济组织的特别法人地位

2017年10月1日起施行的《民法总则》，明确赋予了农村集体经济组织特别法人地位，为农村集体经济组织消除身份尴尬提供了法律依据。2018年6月，农业农村部、中国人民银行、国家市场监督管理总局联合下发了《关于开展农村集体经济组织登记赋码工作的通知》，明确登记赋码管理部门为各级农业农村主管部门，重点任务落实到县级。2018年11月5日，全国农村集体经济组织登记赋码管理系统上线启用，登记赋码及换证工作正式展开，这标志着农村集体经济组织规范化管理取得实质性进展。

2018年11月16日，农业农村部首次向农村集体经济组织颁发登记证书。北京市海淀区温泉镇股份经济合作联合社、山西省太原市杏花岭区窑头村股份经济合作社、上海市闵行区虹桥经济联合社等全国10个新成立的农村集体经济组织领取了合法的"身份证"。2019年1月2日，济南市章丘区200个新成立的农村集体经济组织领取了农村集体经济组织登记证。

农村集体经济组织登记证的颁发，标志着农村集体经济组织第一次有了法人地位，这对进一步深化农村集体产权改革、壮大集体经济、带动农民增收具有重大意义。

新型农村集体经济组织是不同于一般市场主体的特别市场主体，"特别性"是其区别于其他市场主体的本质规定性。理解农村集体经济组织是特别的市场主体，一方面不能因为其"特别性"而否定其市场主体地位；另一方面还应在明晰其"特别性"的基础上，通过制度设计和规范表达突出其特别市场主体地位。

与公司等营利法人相比，新型农村集体经济组织呈现出其"特别性"，这也是立法确认其特别法人地位的缘由。在《民法总则》之前，虽然农村集体经济组织的概念表述在《宪法》及其他法律法规中频繁出现，但是该组织的法律地位一直不明确。正是因为存在地位不明、概念模糊、功能混乱、有法律地位而无法人地位等缺陷，农村集体经济组织在发展过程中缺乏有效保障。而农村集体经济组织特别法人地位的确立，为新型农村集体经济组织参与各类民事活动、服务乡村振兴提供了便利，有助于激活

涉农主体参与市场经济的积极性，对于实现共同富裕也具有积极意义。

新型农村集体经济组织以农民集体土地所有权为基础设立，因集体土地所有权依法不得转让，故农村集体经济组织不得破产。集体财产依法由农村集体经济组织成员集体所有，由农村集体经济组织经营管理，不可分割到成员个人。新型农村集体经济组织须依法登记，取得特别法人资格，依法从事与其履行职责相适应的民事活动。新型农村集体经济组织可以依法出资设立或者参与设立公司、农民专业合作社等市场主体。设立的市场主体可依法从事经营活动，享有相应市场主体的权利、履行相应市场主体的义务，以其财产对债务承担责任。农村集体经济组织以其出资为限对其设立或参与设立的市场主体的债务承担责任。

党的二十大报告指出："巩固和完善农村基本经营制度，发展新型农村集体经济，发展新型农业经营主体和社会化服务，发展农业适度规模经营。"截至2022年初，我国农村集体产权制度改革阶段性任务基本完成，全国乡镇、村、组三级共建立集体经济组织约96万个。在推进农村集体产权制度改革过程中，我国各地已经基本建立了以股份经济合作社或者合作社为表现形式的新型农村集体经济组织。

六、新型农村集体经济组织的形式创新

新型农村集体经济是在原有农村集体经济基础上的创新和发展，是产权明晰、成员清晰、权能完整的农村集体经济。发展新型农村集体经济，通过集体牵头、农户参与、企业入驻等方式，以利益为纽带把农民有效组织起来，形成高效的集体合作行动，合理促进土地规模经营，提高农村产业专业化、组织化水平，既能克服土地分散经营、缺乏发展资金等弊端，又能优化农村产业结构，持续提高农村产业的经济效益和抗风险能力。

2023年"中央一号文件"进一步明确，构建产权关系明晰、治理架构科学、经营方式稳健、收益分配合理的运行机制，探索资源发包、物业出租、居间服务、资产参股等多样化途径发展新型农村集体经济。

2024年1月10日，农业农村部发布落实2024年"中央一号文件"工作部署的实施意见，其第三十一条指出："深化农村集体产权制度改革。加强农村集体资产管理。健全监督管理服务体系，完善全国农村集体资产监督管理平台，推动出台对集体资产由村民委员会、村民小组登记到农村集体经济组织名下实行税收减免的政策。指导有条件地区探索开展集体收益分配权有偿退出、继承等。发展新型农村集体经济。推进新型农村集体经济稳健发展，鼓励探索资源发包、物业出租、居间服务、资产参股等多样化发展途径，支持农村集体经济组织提供生产、劳务等服务。严格控制农村集体经营风险。规范流转交易。稳妥有序开展农村产权流转交易规范化试点。落实工商企业等社会资本通过流转取得土地经营权审批工作。推进土地流转台账信息平台建设，探索建立土地流转风险排查处置工作机制。"

在实际工作中,各地结合自身具体情况,因地制宜,灵活运用政策,对新型农村集体经济组织的运作进行了创新,目前主要的形式有10种。

(一)农村集体经济组织+土地流转

由村集体经济组织牵头,将农户土地流转到农村集体经济组织名下统一整理,再流转到种植大户或专业合作社,收取一定管理服务费用。

(二)农村集体经济组织+托管服务

农村集体经济组织牵头建立农业生产托管服务,通过全产业链托管、菜单式多环节托管、股份合作分红、股份托管并行、专业化托管等多种托管服务模式,为农户提供耕、种、防、收、销等全部或部分作业环节生产性服务,增加集体经济收入。

(三)农村集体经济组织+资源开发

凭借土地、山水、田园等特色自然资源,开发增收项目,促进一二三产业融合发展,实现村级集体经济稳定增长。

(四)农村集体经济组织+土地入股

农户在自愿联合的基础上,将土地承包权入股,土地由农村集体经济组织统一整治后自主经营或分包其他市场主体,实现农户和集体双赢。

(五)农村集体经济组织+特色产业

在产业发展比较集中的地区,充分利用产业特点,发挥产业辐射带动优势,使周边村集体搭上产业发展顺风车,增加村集体经济收入。

(六)农村集体经济组织+龙头企业

农村集体经济组织与本地龙头企业或农民合作社开展深度合作,共建生产基地,组织农民到企业或合作社从事季节性务工。

(七)农村集体经济组织+物业经营型

引导、扶持村集体利用集体所有的非农建设用地或村留用地,兴建标准厂房、专业市场、仓储设施、职工生活服务设施等,通过物业租赁经营等方式,增加村集体收入。

(八)农村集体经济组织+资本盘活型

对村集体闲置的会堂、厂房、祠堂和废弃学校等设施,通过公开拍卖、租赁、承包经营、股份合作等多种方式进行盘活,增加村集体收入。

(九)农村集体经济组织+资本运营型

将村集体历年积累的资金、土地补偿费等货币资产,通过参股经营等方式转为经营资本,获取股金、利息和资产增值等资本运营收入。

(十)农村集体经济组织+基金运作型

利用各级财政扶持资金和村级自筹资金组建发展集体经济基金池,由政府国资公司负责运作,营利收入返还给纳入扶持范围的经济薄弱村。

项目二 农村集体经济组织的设立

农村集体经济组织可以根据成员结构、资产情况等，成立经济合作社或者股份经济合作社。农村集体经济组织依法代表集体行使所有权，应当充分发挥在管理集体财产、开发集体资源、发展集体经济、服务集体成员等方面的作用。

一、农村集体经济组织设立的条件

（一）有符合《中华人民共和国农村集体经济组织法》（以下简称《农村集体经济组织法》）规定的成员

户籍在或者曾经在农村集体经济组织并与农村集体经济组织形成稳定的权利义务关系，以农村集体经济组织成员集体所有的土地等财产为基本生活保障的居民，为农村集体经济组织成员。

对因成员生育而增加的人员，农村集体经济组织应当确认为农村集体经济组织成员。对因成员结婚、收养或者因政策性移民而增加的人员，农村集体经济组织一般应当确认为农村集体经济组织成员。

确认农村集体经济组织成员，不得违反《农村集体经济组织法》和其他法律法规的规定。

农村集体经济组织应当制作或者变更成员名册。成员名册应当报乡镇人民政府、街道办事处和县级人民政府农业农村主管部门备案。

（二）有符合《农村集体经济组织法》规定的集体财产

集体财产主要包括：

①集体所有的土地和森林、山岭、草原、荒地、滩涂；
②集体所有的建筑物、生产设施、农田水利设施；
③集体所有的教育、科技、文化、卫生、体育、交通等设施和农村人居环境基础设施；
④集体所有的资金；
⑤集体投资兴办的企业和集体持有的其他经济组织的股权及其他投资性权利；
⑥集体所有的无形资产；
⑦集体所有的接受国家扶持、社会捐赠、减免税费等形成的财产；
⑧集体所有的其他财产。

集体财产依法由农村集体经济组织成员集体所有，由农村集体经济组织依法代表成员集体行使所有权，不得分割到成员个人。

（三）有符合《农村集体经济组织法》规定的集体经济组织章程

农村集体经济组织章程应当载明下列事项：

①农村集体经济组织的名称、法定代表人、住所和财产范围；

②农村集体经济组织成员确认规则和程序；

③农村集体经济组织的机构；

④集体财产经营和财务管理；

⑤集体经营性财产收益权的量化与分配；

⑥农村集体经济组织的变更和注销；

⑦需要载明的其他事项。

农村集体经济组织章程应当报乡镇人民政府、街道办事处和县级人民政府农业农村主管部门备案。

（四）有符合《农村集体经济组织法》规定的名称和住所

农村集体经济组织的名称中应当标明"集体经济组织"字样，以及所在县、不设区的市、市辖区、乡、民族乡、镇、村或者组的名称。

农村集体经济组织以其主要办事机构所在地为住所。

（五）有符合《农村集体经济组织法》规定的组织机构

农村集体经济组织的组织机构应由成员（代表）大会、理事会、监事会等组成。

二、农村集体经济组织的设立登记应提供的材料

①设立登记申请；

②成员大会或者成员代表大会决议；

③成员名册；

④组织章程；

⑤法定代表人身份证件；

⑥住所证明；

⑦乡镇人民政府（街道办事处）批复同意成立的文件。

农村集体经济组织成员大会表决通过本农村集体经济组织章程，确认本农村集体经济组织成员，选举本农村集体经济组织理事会成员、监事会成员或者监事后，应当及时向县级以上地方人民政府农业农村主管部门申请登记，取得农村集体经济组织登记证书。

农村集体经济组织登记办法由国务院农业农村主管部门制定。

政策导航

农业农村部关于印发《农村集体经济组织示范章程（试行）》的通知

为促进农村集体经济组织规范发展，保障农村集体经济组织及其成员的合法权益，

依据《中华人民共和国民法典》以及国家有关法律法规政策，我部拟定了《农村集体经济组织示范章程（试行）》，现予以印发。请各地参照本示范章程，指导农村集体经济组织制定或完善其章程。

<h2 style="text-align:center">农村集体经济组织示范章程（试行）</h2>

本示范章程中的〔〕内文字部分为选择性内容，【】内文字部分为解释性内容，＿＿或……部分为补充性内容。

＿＿＿经济（股份经济）合作社章程

（＿＿年＿＿月＿＿日成员大会通过。
〔＿＿年＿＿月＿＿日成员大会修订通过。〕）

第一章 总 则

第一条 为巩固和完善以家庭承包经营为基础、统分结合的双层经营体制，促进集体经济发展，规范集体资产管理，维护本社和全体成员的合法权益，依据《中华人民共和国宪法》《中华人民共和国民法典》和有关法律、法规、政策，结合本社实际，制定本章程。

第二条 本社名称：＿＿县（市、区）＿＿乡（镇、街道）＿＿村（社区）＿＿组经济（股份经济）合作社。

本社法定代表人：＿＿＿＿＿＿＿【注：理事长姓名】。

本社住所：＿＿＿＿＿＿＿。

第三条 本社以维护集体成员权益、实现共同富裕为宗旨，坚持集体所有、合作经营、民主管理，实行各尽所能、按劳分配、共享收益的原则。

第四条 本社集体资产包括：

（一）本社成员集体所有的土地、森林、山岭、草原、荒地、滩涂等资源性资产；

（二）本社成员集体所有的用于经营的房屋、建筑物、机器设备、工具器具、农业基础设施、集体投资兴办的企业及其所持有的其他经济组织的资产份额、无形资产等经营性资产；

（三）本社成员集体所有的用于公共服务的教育、科技、文化、卫生、体育等方面的非经营性资产；

（四）本社接受政府拨款、减免税费、社会捐赠等形成的资产；

（五）依法属于本社成员集体所有的其他资产。

根据资产清查结果，截至＿＿年＿＿月＿＿日，本社集体土地【注：包括农用地、建设用地和未利用地】总面积为＿＿亩，集体账面资产总额为＿＿元，负债总额为＿＿元，净资产总额为＿＿元。经营性资产总额为＿＿元。

第五条 本社依照有关法律、法规、政策的规定，以集体土地等资源性资产所有权以外的集体经营性资产对债务承担责任。

第六条 本社依法履行管理集体资产、开发集体资源、发展集体经济、服务集体成员等职能，开展以下业务：

（一）保护利用本社成员集体所有或者国家所有依法由本社集体使用的农村土地等资源，并组织发包、出租、入股，以及集体经营性建设用地出让等；

（二）经营管理本社成员集体所有或者国家所有依法由本社集体使用的经营性资产，并组织转让、出租、入股、抵押等；

（三）管护运营本社成员集体所有或者国家所有依法由本社集体使用的非经营性资产；

（四）提供本社成员生产经营所需的公共服务；

（五）依法利用本社成员集体所有或者国家所有依法由本社集体使用的资产对外投资，参与经营管理；

（六）其他业务：＿＿＿＿＿＿＿。

第七条 本社在党的基层组织领导下，依法开展经济活动，并接受乡镇人民政府（街道办事处）和县级以上农业农村部门的指导和监督。

本社重大决策参照执行"四议两公开"机制，即村党组织提议、村党组织和本社理事会会议商议、党员大会审议、集体成员（代表）大会决议，决议公开、实施结果公开。

本社主要经营管理人员的选举、罢免以及涉及成员切身利益的重大事项，按照有关法律、法规、政策和本章程规定程序决策、报批和实施。

第二章　成　员

第八条 本社成员身份确认基准日为＿＿＿年＿＿＿月＿＿＿日。

本社遵循"尊重历史、兼顾现实、程序规范、群众认可"的原则，统筹考虑户籍关系、农村土地承包关系、对集体积累的贡献等因素，按照有关法律、法规、政策共确认成员＿＿＿人（名单见本章程所附成员名册）。

基准日以后，本社成员身份的取得和丧失，依据法律、法规和本章程规定。

第九条 户籍在本社所在地且长期在本社所在地生产生活，履行法律、法规和本章程规定义务，符合下列条件之一的公民，经书面申请，由本社成员（代表）大会表决通过的，取得本社成员身份：

（一）父母双方或一方为本社成员的；

（二）与本社成员有合法婚姻关系的；

（三）本社成员依法收养的；

（四）_____；

……

第十条 下列人员丧失本社成员身份：

（一）死亡或被依法宣告死亡的；

（二）已取得与本社没有隶属关系的其他农村集体经济组织成员身份的；

（三）自愿书面申请放弃本社成员身份的；

（四）丧失中华人民共和国国籍的；

（五）_____；

（六）按照有关法律、法规、政策规定丧失成员身份的。

第十一条 本社成员享有下列权利：

（一）具有完全民事行为能力的成员享有参加成员大会，并选举和被选举为本社成员代表、理事会成员、监事会成员的权利；

（二）按照法律、法规、政策和章程规定行使表决权；

（三）监督集体资产经营管理活动、提出意见和建议的权利，有权查阅、复制财务会计报告、会议记录等相关资料；

（四）依法依规承包经营土地等集体资产、使用宅基地及享有其他集体资源性资产权益；

（五）依法依规享有集体经营性资产收益分配权；

（六）享有本社提供的公共服务、集体福利的权利；

（七）在同等条件下享有承担集体资产对外招标项目的优先权；

（八）法律、法规、政策和章程规定的其他权利。

第十二条 本社成员承担下列义务：

（一）遵守本社章程和各项规章制度，执行成员（代表）大会和理事会的决议；

（二）关心和参与本社的生产经营和管理活动，维护本社的合法权益；

（三）依法依约开展集体资产承包经营；

（四）积极参加本社公益活动；

（五）法律、法规、政策和章程规定的其他义务。

第三章 组织机构

第十三条 本社设成员大会〔、成员代表大会〕、理事会、监事会。【注：也可以根据实际需要增设其他经营管理机构】

第十四条 成员大会是本社最高权力机构。成员大会由本社具有完全民事行为能力的全体成员组成。

第十五条 成员大会行使下列职权：

（一）审议、修改本社章程；

（二）审议、修改本社各项规章制度；

（三）审议、决定相关人员取得或丧失本社成员身份事项；

（四）选举、罢免理事会成员和监事会成员；

（五）审议、批准理事会和监事会工作报告；

（六）审议、批准主要经营管理人员及其任期；

（七）审议、批准理事会成员和监事会成员以及主要经营管理人员的薪酬；

（八）审议、批准本社集体经济发展规划、业务经营计划、年度财务预决算、年度收益分配方案；

（九）审议、决定土地发包、宅基地分配、集体经营性资产份额（股份）量化等集体资产处置重大事项；

（十）对本社合并、分立、解散等作出决议；

（十一）法律、法规、政策和章程规定应由成员大会决定的其他事项。

第十六条 成员大会由理事会召集，每年不少于一次。成员大会实行一人一票的表决方式。

召开成员大会应当有三分之二以上具有表决权的成员参加。成员大会对一般事项作出决议，须经本社成员表决权总数过半数通过；对修改本社章程，决定相关人员取得或丧失本社成员身份，本社合并、分立、解散以及变更法人组织形式，以及集体资产处置等重大事项作出决议，须经本社成员表决权总数的三分之二以上通过。

【注：第十七条、第十八条为选择性内容，设立成员代表大会的集体经济组织须在章程中写明相关条款。】

〔**第十七条** 本社设立成员代表大会，以户为单位选出成员代表____人【注：一般为每五户至十五户选举代表一人，但代表人数不得少于二十人；成员在五百人以上的集体经济组织，成员代表不得少于三十人】。〔除以户为单位选出的成员代表外，本社另选妇女成员代表人。〕

成员代表每届任期五年，可以连选连任。

成员代表大会履行本章程第十五条除第一项以外的第____项至第____项规定的成员大会职权。

第十八条 成员代表大会每年至少召开____次，成员代表大会实行一人一票的表决方式。召开成员代表大会应当有本社三分之二以上的成员代表参加。成员代表大会对一般事项作出决议，须经成员代表表决权总数过半数通过；对重大事项作出决议，须经成员代表表决权总数的三分之二以上通过。〔成员代表大会表决通过的事项应当至少公示五个工作日。〕

第十九条 有下列情形之一的，理事会应当在二十日内召开临时成员（代表）大会：

（一）十分之一以上有表决权的成员提议；

（二）理事会提议；

（三）监事会提议；

（四）法律、法规、政策规定的其他情形。理事会不能履行或者在规定期限内没有正当理由不履行召集临时成员（代表）大会职责的，监事会（执行监事）在二十日内召集并主持临时成员（代表）大会。

第二十条 理事会是本社的日常决策、管理和执行机构，由＿＿＿名理事组成，设理事长一名〔，副理事长＿＿＿名〕。理事长是本社的法定代表人。理事会成员由成员（代表）大会以差额方式选举产生，每届任期五年，可以连选连任。

理事长主持理事会的工作。理事长因特殊原因不能履行职务时，由副理事长或理事长委托的理事会成员主持工作。

第二十一条 理事会成员须为年满十八周岁、具有一定文化知识、较高政治素质以及相应经营管理能力的本社成员。

第二十二条 理事会行使下列职权：

（一）召集、主持成员（代表）大会，并向其报告工作；

（二）执行成员（代表）大会的决议；

（三）拟订本社章程修改草案，并提交成员大会审议；

（四）起草本社集体经济发展规划、业务经营计划、内部管理规章制度、成员身份变更名单等，并提交成员（代表）大会审议；

（五）起草本社年度财务预决算、收益分配等方案，并提交成员（代表）大会审议；

（六）提出本社主要经营管理人员及其薪酬建议并提交成员（代表）大会审议，决定聘任或解聘本社其他工作人员及其薪酬；

（七）管理本社资产和财务，保障集体资产安全，签订发包、出租、入股等合同，监督、督促承包方、承租方、被投资方等履行合同；

（八）接受、答复、处理本社成员或监事会提出的有关质询和建议；

（九）履行成员（代表）大会授予的其他职权。

第二十三条 理事长行使下列职权：

（一）召集并主持理事会会议；

（二）组织实施理事会通过的决定，并向理事会报告工作；

（三）代表理事会向成员（代表）大会报告工作；

（四）代表本社签订合同；

（五）代表本社签署并颁发份额（股份）证书；

（六）本社章程规定或者理事会授予的其他职权。

第二十四条　理事会会议应当有三分之二以上的理事会成员出席方可召开。有三分之一以上理事提议的，可召开临时理事会会议。

理事会会议实行一人一票的表决方式。理事会形成决议，须集体讨论并经过半数理事同意，出席会议的理事在会议决议上签名。理事个人对某项决议有不同意见时，其意见载入会议决议并签名。

理事会的决议事项违反法律、法规、政策或本章程、成员（代表）大会决议的，赞成该决议的理事应当承担相应责任。

第二十五条　监事会是本社的内部监督机构，由____名监事组成，设监事长一名〔，副监事长____名〕。【注：成员少于五十人的，可以只设执行监事一名】

监事会成员由成员（代表）大会以差额方式选举产生，每届任期与理事会相同，可以连选连任。监事会成员须为年满十八周岁、具有一定的财务会计知识和较高的政治素质的本社成员。理事会成员、财务会计人员及其近亲属不得担任监事会成员。

监事长（执行监事）列席理事会会议，并对理事会决议事项提出质询或建议。

第二十六条　监事会行使下列职权：

（一）监督理事会执行成员（代表）大会的决议；

（二）向成员（代表）大会提出罢免理事会成员以及主要经营管理人员的建议；

（三）监督检查本社集体资产发包、出租、招投标等各项业务经营及合同签订履行情况，审核监察本社财务情况；

（四）反映本社成员对集体资产经营管理的意见和建议，向理事长或者理事会提出工作质询和改进工作的建议；

（五）提议召开临时成员（代表）大会；

（六）协助政府有关部门开展本社财务检查和审计监督工作；

（七）向成员（代表）大会报告工作；

（八）履行成员（代表）大会授予的其他职权。

第二十七条　监事会会议由监事长召集，会议决议以书面形式通知理事会。

监事会会议应当有三分之二以上的监事出席方可召开。监事会会议实行一人一票的表决方式。监事会形成决议，须集体讨论并经过半数监事同意，出席会议的监事在会议决议上签名。监事个人对某项决议有不同意见时，其意见载入会议决议并签名。

第二十八条　本社五分之一以上具有表决权的成员〔、三分之一以上的成员代表〕可以联名要求罢免理事会、监事会成员，理事会应当在收到罢免议案二十日内召集成员（代表）大会进行表决。

第二十九条 理事、监事及经营管理人员不得有下列行为：

（一）侵占、挪用或私分本社集体资产；

（二）违规将本社资金借贷给他人或者以本社资产为他人提供担保；

（三）将他人与本社交易的佣金归为己有；

（四）将本社资金以个人名义开立账户存储；

（五）泄露本社商业秘密；

（六）从事损害本社经济利益的其他活动。

理事、监事及经营管理人员违反前款规定所得收入归本社所有；给本社造成损失的，须承担相应的法律责任。

第三十条 成员（代表）大会、理事会或监事会的决议违反法律、法规、政策和章程规定，侵害本社利益或成员合法权益的，任何成员有权向乡镇人民政府（街道办事处）或县（市、区）有关部门反映或依法提起诉讼，任何组织、个人不得阻挠或打击报复。

第四章 资产经营和财务管理

第三十一条 本社集体资产经营以效益为中心，统筹兼顾分配与积累，促进集体资产保值增值。

本社理事会依照有关法律、法规、政策以及本章程规定的有关职权和程序，利用多种方式开展资产运营，发展壮大集体经济。

第三十二条 本社建立健全以下集体资产管理制度：

（一）年度资产清查制度，每年组织开展资产清查，清查结果向全体成员公示，无异议后及时上报；

（二）资产登记制度，按照资产类别建立台账，及时记录增减变动情况；

（三）资产保管制度，分类确定资产管理和维护方式，以及管护责任；

（四）资产使用制度，集体资产发包、出租、入股等经营行为必须履行民主程序，实行公开协商或对外招标，强化合同管理；

（五）资产处置制度，明确资产处置流程，规范收益分配；

（六）_____。

第三十三条 本社严格执行农村集体经济组织财务制度和会计制度，实行独立会计核算。

本社建立集体收入管理、开支审批、财务公开、预算决算等财务制度。

第三十四条 本社依照有关法律、法规、政策的规定，只开设一个银行基本存款账户。

33

第三十五条　本社应配备具有专业能力的财务会计人员。

本社会计和出纳互不兼任。理事会、监事会成员及其近亲属不得担任本社的财务会计人员。如无违反财经法纪行为，财务会计人员应当保持稳定，不随本社换届选举而变动。

第三十六条　本社各项收支须经理事长审核签章，重大财务事项应接受监事会（执行监事）的事前、事中、事后监督。

第三十七条　本社在固定的公开栏每季度〔月〕公开一次财务收支情况；随时公开集体重大经济事项。会计年度终了后应及时公开上年度资产状况、财务收支、债权债务、收益分配、预决算执行等情况。财务公开资料须报乡镇人民政府（街道办事处）备案。

第三十八条　本社接受县级以上有关部门和乡镇人民政府（街道办事处）依法依规进行的财务检查和审计监督，发现违规问题及时整改。

第五章　经营性资产量化与收益分配

第三十九条　本社将经营性资产（不含集体土地所有权，下同）以份额形式量化到本社成员，设置份额____份，作为收益分配的依据。

〔本社将经营性资产（不含集体土地所有权，下同）设置股份____股，作为收益分配的依据。股金总额____元，每股金额____元。其中：成员股____股，股金总额____元〔集体股____股，股金总额____元〕。成员股包括以下类型：

（一）人口股，共计____股，股金总额____元；

（二）劳龄股，共计____股，股金总额____元；

（三）扶贫股，共计____股，股金总额____元；

（四）敬老股，共计____股，股金总额____元；

……〕

第四十条　本社建立经营性资产份额（股份）登记簿，记载份额（股份）持有信息，本社以户为单位颁发证书，加盖本社印章和理事长印鉴（签名）。因户内成员变化、分户等需要变更证书有关内容的，由户主向理事会申请变更登记。

第四十一条　本社按章程量化经营性资产后，成员份额（股份）实行户内共享、社内流转。

成员持有的集体经营性资产份额（股份）可以在本社成员内部转让或者由本社赎回。

转让经营性资产份额（股份）给本社其他成员的，受让方所持份额（股份）占本社全部份额（股份）比重不得超过百分之____；由本社赎回的，应由成员自愿提出申请，经本社成员（代表）大会同意后，按照协商价格赎回。赎回的份额（股份）用于减少总份额（股份）〔追加到集体股中〕。

第四十二条　本社坚持效益决定分配、集体福利与成员增收兼顾的原则。集体收入优先用于公益事业、集体福利和扶贫济困，可分配收益按成员持有的集体经营性资产份额（股份）分红。严格实行量入为出，严禁举债搞公益，严禁举债发福利，严禁举债分红。

第四十三条　本社根据当年经营收益情况，制订年度收益分配方案。年度收益分配方案应当明确各分配项目和分配比例，经成员（代表）大会审议通过后，报乡镇人民政府（街道办事处）备案。

第四十四条　本社本年可分配收益为当年收益与上年未分配收益之和。本社留归集体的土地补偿费应列入公积公益金，不得作为集体收益进行分配；集体建设用地出让、出租收益应充分考虑以后年度收入的持续稳定，不得全额在当年分配。

第四十五条　本社本年可分配收益按以下顺序进行分配：

（一）提取公积公益金，用于转增资本、弥补亏损以及集体公益设施建设等；

（二）提取福利费，用于集体福利、文教、卫生等方面的支出；

（三）按持有本社经营性资产份额（股份）分红。

第六章　变更和注销

第四十六条　本社名称、住所、法定代表人等登记事项发生变更的，由理事会依法依规申请变更登记。

第四十七条　本社因合并、分立、解散等依法依规需注销的，由成员大会表决通过，并依照相关法律政策履行审核批准程序。

注销前，必须对本社进行清产核资，核销债权债务。本社集体资产的处置方案必须提交成员大会表决通过方可实施。

第七章　附　则

第四十八条　本章程经乡镇人民政府（街道办事处）审核，于＿＿＿年＿＿＿月＿＿＿日由成员大会表决通过，全体成员（代表）签字后生效，并报县（市、区）农业农村部门备案。

第四十九条　修改本社章程，须经理事会或者半数以上具有表决权的成员提议；理事会拟订修改草案并提交成员大会审议通过后，新章程方可生效。

第五十条　本章程在执行中与有关法律、法规、政策相抵触时，应以法律、法规、政策的规定为准，并按程序对章程相关内容进行修改。

第五十一条　本章程后附成员名册，经营性资产份额（股份）登记簿〔、……〕，为本章程的有效组成部分。

第五十二条　本章程由本社理事会负责解释。

模块三　选择农村集体经济发展的路径和模式

学习目标

1. 了解我国目前农村集体经济发展的主要路径；
2. 了解我国目前农村集体经济发展的主要模式；
3. 结合实际选择农村集体经济发展模式。

案例导学

乡村振兴要走出自己的路

山东省临沂市兰陵县卞庄街道代村社区党委书记、村委会主任王传喜定下新目标：带动周边11个村庄，在3 600余亩的土地上，建设集现代农业、商贸物流、休闲旅游、生态康养于一体的田园新城银湖活力区，解决更多村民的就业问题。

20多年前，代村是远近闻名的上访村、落后村。1999年3月，王传喜回到村里，挑起治村兴村的重任，后来把一个负债近400万元的贫穷落后村，发展成为乡村振兴的模范村。

王传喜带头发展村级集体经济，结合村情兴建各类产业，先后建成国家农业公园、代村商城、诚信医院等，推动实现以农为本、农文旅融合、多业并举的农村发展新模式。在发展过程中，代村通过党建引领发展壮大集体经济，鼓励支持村民自主创业就业，形成一二三产业融合发展、互补互促的模式，走出一条农业与科技、旅游相结合的特色发展之路。

2021年，村集体各业总产值达38亿元，村集体纯收入1.6亿元。王传喜坚持发展成果归村民，实行群众生活必需品由村集体无偿供给，新农合、新农保费用由村集体全部承担，村里老年人免费入住老年公寓并按月领取老年优待金。代村被评为"全国文明村""全国乡村治理示范村""全国民主法治示范村""中国美丽乡村"等。

项目一　农村集体经济发展主要路径

我国进入全面推进乡村振兴的新时期，集体经济仍将在其中占据重要地位，这也对集体经济自身的发展提出了更高的要求。同时，乡村振兴的持续推进，加之脱贫攻坚取得全面胜利，为农村集体经济实现创新发展提供了空间和机遇。因此，只有牢牢把握发展机遇，不断创新，才能在推动农村集体经济发展的同时，充分发挥其在全面推进乡村振兴中的应有作用。面对新要求、新机遇和新挑战，必须坚持做好以下基础性工作。

一、加强基层党组织引领

近年来，党中央把发展壮大村级集体经济作为提升基层组织力、推动乡村振兴的动力引擎。新时期新形势下，农村集体经济的发展壮大，迫切需要一个团结齐心、开拓创新的团队的带动引领。

（一）坚持农村基层党组织的领导作用

中国共产党的领导是社会主义制度的最大优势。"火车跑得快，全靠车头带""农民富不富，关键看支部""选好一个班子、带好一支队伍、壮大一个村子"。在农村集体经济发展过程中，农村基层党组织起着决定性作用。加强农村基层党组织建设，壮大集体经济实力，关键要做到两条：一是有人办事，二是有钱办事。农村集体经济组织的领导班子要有战斗力，加强基层党组织建设特别是基层党组织干部队伍建设，是发展壮大农村集体经济的核心所在。要把想干事、能干事、干成事，服务发展能力强、经营管理能力强、带动致富能力强，作为选拔农村党组织书记的重要标准和条件，不断拓宽选人渠道，真正实现"能人治村"，提升农村集体经济发展的原动力。

（二）充分发挥党员的先锋带头作用

在农村集体经济发展壮大的过程中，农村党员的作用至关重要。发展村集体经济是一项烦琐的工作，对于农村干部来说，要与上级部门和村民进行双向的交流和沟通，而基层工作又是最难做的，所以在这个过程中，更要注重发挥村"两委"班子成员之外其他党员的作用。一个党员就是一面鲜活的旗帜，一个党员就是村里农民致富的楷模、标兵。农村党员要通过参加专家专题讲座、外出考察学习交流等方式，重点加强市场经济、股份合作、经营管理、财务管理等与农村实用技能和法律法规等相关内容的学习，开阔视野、增长见识，增强发展集体经济的本领；要不断提高组织群众、服务群众的工作能力和水平，积极走进老百姓家里，解答老百姓对农村集体经济的困惑，把农民群众的思想最大限度地统一到农村集体经济发展上来，认真收集老百姓对发展农村集体经济的意见和建议，广泛集中群众智慧，打通农村基层党组织联系服务群众的"最后一公里"。

（三）要充分发挥新型职业农民的示范引领作用

新型职业农民是指以农业为职业，具有相应的专业技能，收入主要来自农业生产经营并达到相当水平的现代农业从业者。我国正处于传统农业向现代农业转化的关键时期，大量先进农业科学技术、高效率农业设施装备、现代化经营管理理念越来越多地被引入农业生产的各个领域，迫切需要高素质的职业化农民。同时，由于农村劳动力大量向二三产业转移，以及新生代农民对土地的"陌生"，农村留守的农业人群呈现出总量相对不足、整体素质偏低、结构不尽合理等问题。针对这些情况，需要着力培养新型职业农民，发挥他们在农村经济发展中的示范引领作用。

二、做好集体经济产业项目的发展规划

发展壮大农村集体经济不是一个短期目标，不能搞"一阵风"，更不能没有计划地盲目实施，走一步看一步、走不通再回头，要像发展城镇经济、区域经济一样，坚持统筹规划、科学决策、分步实施。因此，要结合农村集体经济的基础条件和发展潜力，立足长远，着力做好总体发展规划、详细规划和专项规划，划分好近期、中期和远期发展时间表、路线图，有计划、有步骤地组织实施，做到既循序渐进，又整体推进。

（一）坚持因地制宜

适不适合发展、适合发展多大规模，这是产业项目选择首先要考虑的问题，简单地说就是要因地制宜。对于产业项目选择，一是要考虑该项目是否适合目标区域；二是要考虑市场因素，市场是决定产业发展成败的关键。发展产业项目就要立足资源禀赋，寻找资源，开发优势，选择特色农业。

（二）突出特色产业

选准产业是发展乡村产业、发展集体经济的前提条件，一定要突出特色，切勿盲目跟风，片面追求短期经济效益。要综合考虑资源禀赋、产业基础、生态环境等因素，选择适合当地发展的特色产业，宜农则农、宜菜则菜、宜果则果，向特色要竞争力，向特色要生产力。

（三）突出市场机制

产业具有鲜明的市场性，发展什么样的产业，怎样发展产业，应该由市场说了算。发展乡村产业首先要明确其经济属性，坚持市场导向，遵循市场和发展规律，让市场成为产业发展的指挥棒，尽可能选好、选准具有市场前景、符合收益预期的产业项目，这样才能实现有产有销，有投入、有回报。

(四) 突出融合发展

发展乡村产业要突出发展特色产业，积极发展农产品加工，拓展产业多种功能，大力发展休闲农业、乡村旅游，促进一二三产业融合发展，把产业链连贯起来。

(五) 坚持绿色发展

坚持"绿水青山就是金山银山"的理念，用好用活生态绿色牌，从绿色发展中发现价值、提升价值。

(六) 深化改革，鼓励创新

改革创新是农村集体经济发展的不竭动力和源泉。近年来兴起的乡村共富公司就是新型农村集体经济市场化发展的一种重要形式和载体。要搞好跨村党建联建，将几个村的资源整合盘活，实现优势互补、共同富裕。要推动农业主导产业和特色优势产业转型升级，为村级集体经济发展赋能增效。

项目二 农村集体经济发展模式选择

党的二十大报告明确提出，实施乡村振兴战略要巩固和完善农村基本经营制度，发展新型农村集体经济，发展新型农业经营主体和社会化服务，发展农业适度规模经营。

全国各地认真贯彻党的二十大精神，积极探索发展壮大农村集体经济的有效途径，涌现出一批典型模式和做法。由于全国各地经济发展水平、资产资源、区域位置、产业特征、村集体经济实力等存在千差万别，在集体经济发展中，其模式应该因地制宜、形式多样、各具特征。总体来看，当前农村集体经济的发展模式主要有10种。

一、以集体工业为主的名村模式

（一）产生与发展背景

20世纪80年代初期，家庭联产承包责任制在全国农村推行，生产资料由集体所有、集体统一经营变为土地由村级组织管理、农户以家庭为单位承包经营，许多地区的农村集体经济被承包、变卖、私有化，村级集体经济组织虚置甚至撤销。而江苏省江阴市华西村、河南省临颍县南街村、河南省新乡市刘庄村等则坚持走集体化道路，依托集体力量和集体资源等，组建新的集体经济组织。这些集体化村庄在市场化改革大潮中创造了奇迹，集体资产过亿甚至超过百亿元，村民收入远远高于全国平均水平，并享有完善的公共服务和较高的福利，为中国社会主义乡村的发展做出了特殊贡献，成为人们心目中的"名村"。

（二）主要做法、成效与案例

这些名村在自身发展和走向富裕之路中积累了丰富的经验，具有一些共同的做法和特征，可以为新时代乡村振兴和集体经济发展提供启示。

1. 走集体化生产的道路

河南新乡刘庄村的集体所有制和共同富裕道路已经持续走了数十年，这在中国农村中是十分罕见的。1956年，初级社成立不久，上级要求"小社并大社"，村党支部书记史来贺则坚持"一村一社"，保存了羽翼未丰的村集体经济。中共十一届三中全会以后，农村推行家庭联产承包责任制，刘庄村则提出实行集体专业联产承包责任制，目的是保护发展中的集体经济，这为刘庄村集体经济创造了一个稳定的发展局面。刘庄村的新体制既保留了原有集体经济的优势，又吸收了"大包干"的优点，使集体经济活力更足。当时,河南的南街村也实行分田到户,但成效并不理想,1984年,南街村党支部收回了土地和企业的承包权,实行集体承包。

2. 走"工业兴村"的发展路子

农村发展的核心是经济发展,经济不发展,农民不富裕,农村发展就无从谈起。江苏江阴华西村经济的迅猛发展与其坚持以发展工业为先导的思路密不可分。华西村很早就认识到"无农不稳、无工不富"的道理,创办了小五金厂和小磨坊。改革开放后,该村又抢抓机遇,开始了第二次工业化历程,大胆采用苏南乡镇企业模式,坚持走乡村工业化的路子,从铝制品到冶金、毛纺、化纤、建筑、旅游等,十几种企业都经营成功,成为全国最富有的村庄。过去以农业为主导产业的山西晋中大寨村,也走上工业化道路,农业收入仅占经济总收入的0.3%。

20世纪70年代初,河南新乡刘庄村把发展重点由种植业转向工副业,从做汽车喇叭开始,史来贺带领群众兴办了造纸厂、机械厂、食品厂等企业,使村集体经济上了一个大台阶。20世纪80年代,史来贺又开始向高科技进军,引进生物工程技术,建起了全国最大的生产肌苷的华星药厂。1988年,华星药厂产值达3 000多万元,肌苷产量占全国的一半以上。此后,该村又先后建起生产潘生丁和青霉素系列产品的分厂,生产的青霉素系列产品有80%以上出口。史来贺带领刘庄村层层推进,步步加速,一路高歌猛进,形成了以农促工、以工建农、农工商并举的商品经济发展新格局。2003年,355户1 616人的刘庄村,固定资产近10亿元,总产值8.8亿元,上缴税金4 500万元,人均实际分配1万元,户均存款20万元;村民享受40多项公共福利,上学、看病、养老等费用由集体承担。同时,刘庄村"一村帮带13村",把周边新乡县、修武县、原阳县13个处在贫困线以下的村庄,带入中等水平甚至先进行列。

3. 有一个杰出的核心人物

无论是南街村、刘庄村,还是大寨村和华西村,其发展都得益于拥有一个核心人物。核心人物在自己村里有威信、知村情、善谋略、能服众。他们不仅靠自己的胆识、才智和影响力确立了村庄的发展路线,更是用自己的人格魅力形成了在群众中的凝聚力,从而带领村民走上了共同富裕之路。华西村党支部书记吴仁宝,带领华西人走过了"70年代造田""80年代造厂""90年代造城"的三次致富征途。史来贺靠自身对外的影响力稳定了刘庄的发展路线,并通过人格魅力在刘庄树立了威信,增强了村民凝聚力。

4. 重视农村基层思想建设

在经济建设中,思想工作的作用是凝聚人心、振奋精神、促进生产。以上这些村非常重视干部群众思想建设工作。南街村在发展过程中强调政治教育,采取的主要措施是"用毛泽东思想武装人们的头脑",倡导"破私立公、大公无私和公而忘私"的精神，使群众自觉地为社区集体做奉献；在华西村，繁荣景象的背后是"社会主义建设，就必须强化信仰"；大寨村郭凤莲坚持开展艰苦奋斗、与时俱进的思想建设；刘庄村通过政治思想建设给群众提供了一种信念上的支持，潜在地鼓舞着村民们齐心协力共谋发展。

案例

漯河市南街村

享有"中国十大名村"美誉的河南省漯河市南街村，地处豫南腹地，面积1.78平方千米，人口3 700余人，耕地500亩。村党委下设20个党支部。改革开放以来，南街村党组织坚持党的"一个中心，两个基本点"的基本路线，积极发挥战斗堡垒作用，带领群众走集体化道路，把昔日贫穷落后的"难街村"打造成了共同富裕的"乡村都市"。现如今，南街村的村民们住在现代化的公寓里，享受着上学、医疗、日常生活等一切免费的福利待遇，生活安居乐业，环境舒适优美，一幅世外桃源之景。

1984年，根据村庄自身发展情况，南街村村民自愿提出申请，把土地交给集体，由集体统一经营管理。南街村由此重新走上了集体化道路。

在发展过程中，村党委始终坚持"绿水青山就是金山银山"的发展理念，把环境治理和保护工作摆在重要议事日程，出台了《南街村环境治理暂行规定》，成立了村爱卫会和环保队，开展了"一路走一路拾"活动，在村中形成了人人保护爱护环境的风气。

加强党性教育，建强党员干部队伍。从创业之初，村党委就为全村党员干部定下了"四个决不能"和"过好三大关"的规矩，即决不能谁也不顾、自己先富，决不能喊"给我上"、要喊"跟我来"，决不能护短怕羞、要敢于揭私亮丑，决不能台上说人家、台下被人说；要过好吃请关、权力关和金钱关。村党委还把"公生明，廉生威"当作座右铭，坚持开展民主生活会，面对面开展批评与自我批评，让"红脸出汗"成为常态，达到了"洗脸治病"的目的。

狠抓精神文明建设，提升全村人的思想素质。村党委设立宣教办和文明办，专门负责全村的政治思想教育和精神文明建设工作。村里先后建立了广播站、报社、电视台、（红色南街村）微信公众平台等。

如今，南街村基层党组织领航更加有力，村民幸福指数日益升高，村子的声誉日益扩大。该村先后荣获"全国先进基层党组织""全国模范村民委员会""全国文明村""中国十大名村""中国幸福村""中国十佳小康村""中国第一雷锋村"等诸多殊荣。

二、党支部领办合作社模式

(一)产生与发展背景

党支部领办合作社是指,充分发挥农村基层党组织的凝聚力、战斗力,把党员集合起来,把群众组织起来,党群共建,抱团发展,规模经营,建立起村集体和群众利益共享、风险共担的经济利益共同体。这一模式将党支部的政治优势和合作社的经济优势有机结合,主动适应农村生产力发展和生产方式变革,不仅丰富和发展了"双层经营体制"内涵,也成为乡村振兴新的重要抓手。

在这一模式下,党以强大的组织力,把分散的人、地、房、生态等要素组织起来,由党支部领办合作社,在入股、分配办法上充分向普通社员特别是生活困难的社员倾斜,让群众充分享受到了全产业链增值收益。合作社成为一道纽带,让党支部与群众、群众与群众之间的联系更加紧密,也让群众对村集体事务有了更强的参与感、获得感。

(二)主要做法、成效与案例

关于这一模式,通常的做法是,村"两委"组织和引导农民以土地、资金等入股,成为合作社社员;村"两委"发挥组织优势,整合村集体资源等要素,为合作社发展做好土地流转、矛盾协调、技术支撑、市场拓展等服务;合作社在此基础上坚持发展和富民导向,将资产收益按股份分给社员共享,促进农民群众多元增收,从而走出一条可持续的稳定增收的新路子,实现农户、村级集体经济"双增收"。

> **案　例**

烟台市衣家村

衣家村位于"胶东屋脊"烟台市栖霞市亭口镇,共有55户,126人。以前,衣家村贫穷落后,组织凝聚力、战斗力不强,集体经济薄弱,群众增收无力。2017年以来,衣家村坚持以党支部领办合作社为主路径,组织群众、发动群众,自力更生、艰苦创业,解决群众最急需、最期盼的行路、用水两大难题,凝聚了民心民力,村庄发生了翻天覆地的新变化。

2017年初,栖霞市发出村党支部领办合作社、发展集体经济的号召,衣家村党支部书记衣元良从中看到希望:用合作社将老百姓组织起来,把村民拧成一股绳。2017年9月,"村社一体"的"一点园"果蔬专业合作社正式成立,全村有53户踊跃加入。合作社采用"劳动力入股"运作模式,以村民参加集体劳动的多少分配股份,并创新实行"劳动力+劳动量"相结合的"工票制";推行以"原始股""创业股"为主、以其他方式为辅的多元化入股模式,解决了土地和资金方面的发展瓶颈,实现了按劳分配、一体发展、共同富裕。

衣家村探索以党支部创办合作社的发展路径，带领村民发扬新时代"愚公精神"，让昔日"上山靠攀、浇地看天"的穷山沟变成了绿水青山环绕的"世外桃源"。截至2022年底，该村集体收入达90万元，村集体固定资产达1 000余万元，为推动乡村全面振兴注入了强大动力，提供了实践样板。

三、资产开发经营模式

（一）产生与发展的背景

资产开发经营模式是指，通过开发和利用农村集体资产，发展壮大集体经济。村集体资产是指，村集体全体成员（社员）集体所有的资源性资产、非资源性资产，包括集体所有的土地、森林、山岭、草原、荒地、滩涂、水面等自然资源和流动资产、长期资产、固定资产、无形资产和其他资产等。农村集体资产是亿万农民长期辛勤劳动、不断积累的宝贵财富，也是发展农村经济、实现乡村振兴、实现农民共同富裕的重要物质基础。近年来，集体经济需要发展壮大与集体经济现实落后的矛盾日益突出，要通过多种途径保护好开发好资源性资产，盘活经营性资产，寻找发展壮大集体经济的出路，让农民分享农村集体经济发展的成果。

（二）主要做法、成效与案例

总结各地实践，集体资产经营主要有两种做法。

1. 农业资源开发

利用没有承包到户的集体"四荒"地、果园、养殖水面等资源，集中开发或者通过公开招标等方式发展现代农业项目，这是目前很多村集体收入的一个重要来源。

> **案　例**

济宁市渭河村

作为一个典型的渔业村，渭河村缺少区位和交通优势，但是水面多、湖地广、滩涂密。为充分用好这些资源，村党支部经过反复研究，决定大力发展现代渔业养殖。通过对村集体湖田、水面进行登记造册，盘活集体资产资源，承包给村里的养殖大户，村集体外包收入60余万元。该村结合本地水域实际引入了白对虾、大闸蟹等高附加值的养殖品种，实现了从大湖捕捞向精品养殖的转型发展。渭河村党员干部为村民提供技术指导、结对帮扶、信息咨询，带头做示范、带着村民干、抱团闯市场。为搞好统一服务，渭河村还联合其他3个村成立了微山县河蟹养殖专业合作社，对入社养殖户从种苗购进、日常管理到上市销售实行"一条龙"服务，专门成立了销售队伍进驻北京、上海、天津等地，注册了"八条腿""江北第一湖"等河蟹商标。合作社每年按销售额的1‰收取服务费用，每年增加村集体收入5万元。

案 例

临沂市费县

近年来，费县坚持把盘活农村闲置宅基地和闲置住宅作为实施乡村振兴战略的重要切入点，按照"尊重农户、统筹规划、集约用地、因地制宜"的原则，积极探索闲置宅基地盘活利用机制。闲置宅基地的利用，提高了农村闲置房地的利用效率，为乡村产业振兴提供了强力支撑，实现了美丽乡村建设、乡村振兴的同频共振。

盘活利用主体多元化。费县积极引导多元主体参与闲置宅基地和闲置住宅的盘活利用，盘活利用主体大致分为三类：一是农户自主盘活利用。在充分保障农民宅基地合法权益的前提下，支持村民采取自营、出租、入股、合作等多种方式盘活利用农村闲置宅基地和闲置住宅，支持返乡人员依托自有和闲置住宅发展适合的乡村产业项目，利用闲置宅基地和闲置农房发展乡村旅游业，带动增收。二是村集体经济组织主导盘活利用。三是社会企业项目带动盘活利用。

盘活利用模式多样化。一是自主经营模式。发挥闲置宅基地的区位优势，坚持生态产业化，发展美丽经济。二是出租流转模式。东蒙镇北刘家庄依托"政府+企业+村集体"三方合作和"连片流转和集中打造"的方式，由村集体与户主签订15年期限的流转租赁合同，对村内50余户空闲民房院落、闲置宅基地进行集中连片流转租赁，由镇政府和费县文旅集团合作开发。三是宅基地退出模式。大田庄乡五圣堂村、新庄镇信兴庄等利用闲置的8处宅基地建设了打谷场和文化广场，解决了农忙时节农户无处晾晒粮食的难题，提供了休闲、娱乐、文化活动的场所，丰富了群众生活。

盘活利用产业多态化。一是发展集体民宿产业。现已打造完成高标准样板民宿10户、农家乐1户，部分民宿硬件设施及服务达到国家旅游行业甲级旅游民宿标准。2022年以来，村民通过宅基地出租、日常劳务获取租金和劳务费，年均增收0.2万元；村集体通过合作社运营管理、教育培训增加村集体收入1万元。二是发展特色新产业。全国80%的金蛋产自水湖村，该村每年销售金蛋1.5亿枚，产值3亿，成为全国知名的"中国淘宝村""金蛋电商村"。三是发展农文旅绿色产业。招引山东群英投资发展有限公司发展核桃峪农文旅融合项目，在马庄镇土山后村、小湾村流转闲置宅基地25处，项目总投资5 000万元，主要建设研学美食区、原生建筑民宿区、休闲娱乐露营区、网红打卡拍照区、采摘垂钓区、绿化园林区等。

政策保障多效化。一是政策资金支持，二是金融创新支持盘活利用项目，三是资源项目社会推介。强化典型经验的宣传推广，结合乡村旅游大会、农业嘉年华、农博会等活动，向社会推介农村闲置宅基地和闲置住宅资源。

2. 物业资源开发

在符合规划的前提下，利用闲置的各类房产设施、集体建设用地等，以自主开发、合资合作等方式来发展租赁物业，主要出租不动产，很多地方叫作"瓦片经济"。目前，很多村集体的主要收入便来自租赁物业，即便在浙江、江苏等集体经济非常发达的地区也是如此。

> **案　例**

曲阜市小雪街道某村

2018年，村"两委"动员村民投资入股，筹集资金1 000多万元，将村南30多亩废弃窑坑填平，建立了创业孵化园。孵化园吸引了东信科技、美团优选、中通快递等一批优秀的企业入驻，同时也解决了部分村民的就业问题，实现了上楼安家、下楼就业。村民不仅能在家门口找到工作，而且还能收到分红。仅在2020年，孵化园项目就给村集体带来了60多万元的经济收入，入股村民分红近100万元。

四、股份合作模式

（一）产生与发展的背景

股份合作模式是指，以农村集体经济组织为主导，以所在村庄为载体，以全体村民为主体，以集体经济发展为纽带，以合作社、股份公司等形式，依靠内生力量特别是内在制度，通过合理的利益分配机制来进行乡村经济发展，实现集体和农民资产共同保值增值的一种农村集体经济经营发展模式。

1. 股份合作型发展模式的优势

小农户变身大股东；小产业建成大产业；小资本发挥大潜能。

2. 股份合作型发展模式需要的支撑要素

村党支部想在前干在前，找准合作路子；具有满足发展要求的经济条件，村集体有产业基础，有一定的经济积累；村民主动想参与到股份合作制经营模式中。

3. 股份合作型发展模式的限制因素

村集体资金积累贫乏；农村集体产权制度改革不彻底，资源没有变资本、资金没有变股金、资产没有变股本；村干部和村民思想保守，缺乏创新意识和主动性。

（二）主要做法、成效与案例

1. 土地股份合作制

以农村集体经济组织为经营主体，创办或入股土地股份合作社，由农民自愿将土地流转到合作社，并按土地承包经营权取得相应股份。合作社将土地适度集中，规划发展现代农业或其他与之相配套的二三产业，农民和农村集体经济组织按照其持有的股份获取相应收益。土地股份合作社主要有两种合作形式：一是农户和村集体各拿出部分土地入股，成立土地股份合作社，由合作社统一经营、分配，农户和村集体按照股份分红。二是农民保留承包权，将经营权流转到村集体，村集体按照股份合作运营方式与外部主体开展经营，经营收益在村集体、农户、外部合作主体之间进行分配。

案 例

济宁市汶上县

2017年以来，汶上县立足农业农村发展新需求，探索出了一条供销社、农民、村集体、金融部门等多方合作共赢的土地股份合作新模式。由汶上县寅寺镇供销社成立农业服务公司，然后该农业服务公司与汶上县寅寺镇小楼村村集体经济组织、以土地入股的小楼村村民共同成立农业种植合作社，小楼村党支部书记担任合作社法人代表。合作社采取土地集中统一经营和收益保底分红的运营方式，由农业公司负责农作物的种植、管理、收储和销售；村集体负责种植过程中的现场管理；村民以土地入股，不参与经营，每亩地保底收入1 000元。合作社将每年的收益支付给村民每亩1 000元的保底分红后，再提取10%的风险保证金，用于自身发展和救助贫困户；二次分红由供销社、村集体和农户按照4:4:2的比例进行分配。为解决前期垫付资金量大的问题，合作社与村镇银行合作。银行为合作社提供每亩400元的贷款，用于合作社日常经营，该贷款由供销社的农业公司和合作社法人共同担保。合作社在该银行开设账户，其所有收支均经由此账户完成。同时，在出现重大自然灾害造成农作物减产或者绝产时，合作社商业保险赔付优先偿还银行贷款。如此，不仅降低了合作社的经营风险和银行的贷款风险，而且探索出了一条充分调动各方积极性、充分发挥各方优势、良性循环的综合农业生产服务链。

在合作社运营中，供销社（农业服务公司）主动对接品牌企业，高标准订单种植优质农作物，让每亩地年收益都在2 300元以上。

2. "三变"模式——资源变股权、资金变股金、农民变股东

在集体产权制度改革中，为了保护原村集体经济组织的资产和村民利益，同时解决集体经营性资产较少的村子缺乏发展集体经济资本的难题，可通过"资源变股权、资金变股金、农民变股东"的路径，量化资产搞股份合作，从而盘活集体资源，撬动社会资本，壮大集体经济，把贫困户纳入集体经济保障范围，实现集体收益惠及全体农民群众的改革。

> 案例

贵州省六盘水市

六盘水市地处贵州省西部的乌蒙腹地，辖4个县级行政区，是一座"三线"建设时期发展起来的煤炭工业城市，以煤、电、钢材为主要支柱产业，耕地破碎，生态脆弱，传统农业比重大，集体经济薄弱。六盘水市集体资产改革的主要做法分为三个方面。

一是推进资源变股权，唤醒沉睡资源。将村集体的土地、林地、水域、风物名胜、古树名木等自然资源，通过确权颁证、折算价值，经村集体经济组织全体成员同意后，入股农业经营主体，开展股份合作，按股分红。

二是推进资金变股金。在不改变资金使用性质及用途的前提下，将各级财政投入到农村的生产发展类资金、农业生态修复和治理资金、扶贫开发资金、农村社会事业及公共服务资金等，量化为村集体或村民的股金投入到各类经营主体，按股权占比获得收益。

三是推进农民变股东。引导农民自愿以承包土地经营权和资产、资金、技术等入股农业经营主体，开展股份合作，参与收益分红。根本出路在于坚持生态产业化、产业生态化，集中破碎的土地，利用闲置的资源，整合扶贫资金，改变传统种植，通过规模化、集约化、产业化、股权化扶贫，达成百姓富与生态美的有机统一、金山银山与绿水青山的有机统一。

贵州省六盘水市实行"三变"改革模式，增加了农民财产性收入，壮大了村集体经济。

> 案例

安顺市塘约村

2013年前的贵州省安顺市塘约村是国家二类贫困村，依靠传统的农耕种植和劳动力外出务工维持生计。2014年6月，一场百年不遇的特大洪涝灾害，让本就"村穷、民弱、地撂荒"的塘约村雪上加霜，村基础设施几乎全被毁坏。从2014年下半年开始，塘约村积极发挥党群力量，集思广益，探索出以"党建引领、改革推动、合股联营、多元共治、共同富裕"为特征的新时代"塘约经验"。依靠基层党组织领导，村民们有了殷切期盼，村集体经济得到快速发展，塘约村从一个榜上有名的贫困村蝶变为全省发展村级集体经济推进试点村。塘约村围绕"'三权'+党建+扶贫+产业+金融"的发展思路,切实抓牢"确权"这个基础,抓好"赋权"这个关键,抓实"易权"这个核心,同步推进农村产权"七权"确权登记颁证,探索实施"村社一体、合股联营"的发展模式,走出了一条农村改革促小康的蝶变之路。

塘约村的蝶变之路是新时期农村改革,特别是土地产权改革实践的缩影。塘约村成立了村级土地流转中心,建立了农村产权确权信息管理平台,将农村土地经营承包权、林权、集体土地所有权、集体建设用地使用权、房屋所有权、小型水利工程产权、农地集体财产权等"七权"叠加起来一并进行确权登记,明晰了农村产权"身份证",让农民把产权"揣"在了兜里,初步形成了土地"所有权""承包权""经营权"三权分置,为农村产权交易打下了基础,促进了城乡生产要素的自由流动和农村资源的优化配置,推动了土地适度规模经营。对于土地经营权参社入股,村里把利润分成讲得透亮:合作社占30%,村集体占30%,村民占40%。

塘约村的实践,唤醒了两大资源:一是沉睡的土地资源,二是人的内在资源。塘约村通过深入开展"三权"工作,形成了对"三变"的良性促动,推动了农村生产方式由分散式向集中规模化的转变,真正做到了让农民重回土地、立足土地、依靠土地发展,让土地更加集中、生产更加集约、效益更加凸显,从而实现了从国家二类贫困村向"小康示范村"的嬗变,初步实现了"率先小康、共同富裕"的发展目标,成为引领当地农村全面深化改革的新样板。可以说,集体主义和共同富裕是"塘约道路"最核心的部分。

五、产业融合型

(一)产生与发展的背景

当前,农业发展进入新阶段,农业与其他产业的融合催生出多种农业发展新业态。2015年,国务院发布的《关于推进农村一二三产业融合发展的指导意见》指出,要发展多类型农村产业融合方式,培育多元化农村产业融合主体,建立多形式利益联结机制,完善多渠道农村产业融合服务,健全农村产业融合推进机制。2017年"中央一号文件"提出,将壮大新产业作为推进农业供给侧结构性改革的重大举措。近年来,不同的资源融合方式催生出服务型、创新型、社会化和工业化等多种类型的农业发展新业态,如休闲农业、景观农业、创意农业、循环农业、生态农业、智慧农业、互联网农业、众筹农业、订单农业、农村养老服务业、农业生产性服务业、农产品私人定制等。这些新业态在助力产业链相加、价值链相乘、供应链相通的"三链重构",全面提升农业发展质量和效益,发展壮大集体经济方面作用显著。

(二)主要做法、成效与案例

村集体利用村庄特有的农业资源、生态环境资源、旅游资源,着力构建生态种植、生态养殖、生态休闲、绿色旅游、观光农业等产业,促进农村一二三产业融合,延长产业链条，提高附加值，呈现出独特的村级集体经济发展模式。

> **案 例**

济南市三涧溪村

三涧溪村地处章丘城郊，由东涧溪、西涧溪和北涧溪三个自然村组成。全村1 160户，3 384人。过去，该村党组织力量薄弱，产业小散弱，村庄脏乱差，六年换了六任党支部书记，是典型的落后村。2004年，现任村党支部书记高淑贞上任后，抓党建促发展，让党员群众拧成一股绳，带领全村流转土地4 000余亩，建设了现代农业基地和集约型工业园区，巩固和增强了村庄可持续发展的基础，还通过示范引领，带动了周边村庄发展。2018年6月14日，习近平总书记来到三涧溪村，充分肯定了三涧溪的做法，并就农业农村工作做出了重要指示。

三涧溪村优化组织设置，增强党组织引领带动作用，按照人尽其才的原则，整合全部党员，成立了青年创业、旅游服务和社区管理三个党支部。该村探索"党建引领+合作社"模式，鼓励农民以土地、资金等入股，先后成立了多个合作社，并在符合条件的合作社建立了党组织。

该村利用保存完好的古建筑打造了各色乡居民宿，建设了美食新街、乡村振兴学院，并依托东部医疗中心发展了"乡村旅游+康养产业"。

该村开发农业服务属性，打造了集生态农业、观光采摘、休闲娱乐、餐饮服务于一体的田园综合体，吸纳了周边多个村参加，带动了更多村民的创业就业。该村深化农村集体产权制度改革，成立了三涧溪股份合作社，通过发展楼宇经济，如出租沿街店铺、兴建商贸楼，带动了周边金融网点、大型超市、服务网点、商业店铺的发展，增加了就业机会。

该村充分发挥样板片区的引领示范作用，建设了"三涧溪·农事汇"电商赋能平台，集中展示销售章丘农产品，通过线上线下两种渠道实现了"买章丘、卖章丘"。

通过农村集体产权制度改革，持续激活集体资产资源；在产业链上建党支部，把党组织建设全面扩展到产业发展和村级治理，重塑了村级组织的职责定位，创新了村庄治理体系——这就是三涧溪村的产业融合与乡村治理之路。2019年，三涧溪村被认定为"全国乡村治理示范村"，并再次获评"全国民主法治示范村"。

> **案 例**

济宁市王因街道某村

2012年，该村党支部牵头，对全村1 180亩土地全部进行流转，村民共同入股成立济宁高新区益农现代农业专业合作社,确定了"种植精品葡萄,建设公园式生态庄园,举办采摘节,实现集休闲、旅游、采摘等为一体"的村级集体经济发展路子,开创了"农业+产业+旅游"的新发展模式。采摘园每年接待游客达3万多人次,葡萄产业年收入800多万元,村民人均年收入达到4万元。

六、乡村旅游模式

（一）产生与发展的背景

立足于乡村资源,利用农业的多功能性和乡村的多元价值,发展休闲观光旅游,打造美丽乡村、特色小镇、田园综合体等新业态,满足新时代社会主要矛盾发生变化后,人们对休闲观光和乡村旅游美好生活日益增长的需要,发展壮大集体经济,实现农民和乡村富裕,实现经济、社会和生态和谐发展。

（二）主要做法、成效与案例

做法与成效：积极挖掘村庄的历史文化内涵,统筹自然资源,大力发展休闲农业、观光旅游、体验旅游等特色乡村旅游,变山水资源为发展资本,变美丽环境为美丽经济,拓宽村集体经济收入渠道,使农民足不出户就能获得稳定收益。

支撑要素：良好的区位条件、便利的交通条件、安全的社会条件、得天独厚的自然资源、丰富深厚的历史文化背景等。

限制因素：旅游同质化问题比较严重;旅游开发需要投入大量的资金和人力;风险较大,若简单模仿、刻意打造,反而容易丧失自身特色和发展潜力。

> **案 例**

咸阳市袁家村

袁家村模式即"以村集体领导为核心,以村集体平台为载体,构建产业共融、产权共有、村民共治、发展共享的村庄集体经济"发展模式。

2007年以来,在没有任何资源优势的情况下,袁家村党支部书记带领村民,以关中民俗为主题,以乡村旅游为突破口,打造农民创业平台,解决产业发展和农民增收问题;以股份合作为切入点,创办农民合作社,解决群众收入分配不均和共同富裕问题,成功探索出一条实现乡村振兴的新路径。

袁家村因地制宜,率先提出"打造关中民俗文化旅游第一品牌"的目标。该村的思路是,以农村田园风光、乡土文化、原生态的生产生活方式作为核心竞争力,以村子为载体,以村民为主体,建成民俗意味浓厚、特色鲜明的"关中印象体验地",并以旅游带动本地农副产品产销。在具体实践中,该村充分利用村内及周边丰富的历史文化资源,将现代旅游和关中地区传统民俗文化紧密结合,深入挖掘中国传统乡愁文化,设计出了一系列新型业态，形成了具有地方特色和生命力的文旅产业，实现了村集体经济的壮大和村民生活的富裕。2023年，袁家村年游客接待量达800万人次以上，年旅游总产值超过12亿元，村民人均年收入达15万元以上。

> **案 例**

淄博市中郝峪村

中郝峪，一个地处淄博市博山区大山深处的小山村，共有百十来户，三百来人。这里大山绵延，交通不便，人均耕地少。在发展乡村旅游之前，该村人均年收入不到2 000元，曾经是远近闻名的"讨饭村"。近十几年来，通过发展乡村旅游，该村2022年人均年收入6万元，比之前增长了二十几倍，成为脱贫致富、乡村振兴的"全国样板"。这一巨变得益于中郝峪村实行的"全民入股＋公司化运营"的新型农村集体经济发展模式。

该村所获荣誉：

2018年，入选世界旅游联盟扶贫典型案例。

2019年，被评为首批"全国乡村旅游重点村""全国乡村治理示范村"。

2021年，被山东省文化和旅游厅命名为首批山东省景区化村庄。村党支部被中共中央授予"全国先进基层党组织"荣誉称号。

2022年，入选农业农村部"2022年中国美丽休闲乡村"名单。

七、村企合作模式

（一）产生与发展的背景

大部分集体经济发展薄弱的村庄，只能通过将集体资源发包或租赁的方式获取集体经济收益，导致收入来源单一且收益不高。近年来，一些村集体经济组织立足自身区位优势、产业优势，与发展前景好、效益好的企业自愿结对，搞村企共建、抱团发展，以实现资源、技术、资金的集聚和优化配置，增加村集体收入。

（二）主要做法、成效与案例

做法与成效：与发展前景好、效益好的企业合作，能够引入外来资本，破解发展瓶颈；能够为村集体经济发展把脉问诊，提高村集体经济组织决策水平、技术水平、创新发展水平；能够增强村集体经济抵御市场风险的能力。

支撑要素：村企共建、抱团发展；村集体有企业需要的资源、种植业、其他产业和项目等；企业拥有回馈村集体和村民的理念和机制。

受限因素：村集体经济组织在选择合作的企业和产业时往往选择最基础和最保险的，这些企业和产业带动力不够强；村集体内在资源不足，对企业的吸引力不够；村

"两委"成员思想不够解放、发展理念滞后；等等。

> **案 例**

济宁市钓鱼台村

济宁市邹城市大束镇钓鱼台村原是一个贫瘠的山村，处于山区丘陵地带，土地贫瘠，农作物产量低。2018年，该村村民可支配收入1.3万元，村集体收入2.3万元，是一个不折不扣的穷村、落后村。

2019年8月，钓鱼台村重新组建了村"两委"班子。此后，村党支部积极领办合作社，与驻地企业对接合作，实现了企业发展、集体增收、群众致富三方共赢，走出了"合作社＋龙头企业＋农户"的强村富民的新路子。

钓鱼台村借助大束镇"全国食用菌小镇"的优势，由党支部领办合作社，在村中流转了140亩土地，建设了67座香菇大棚，大力发展香菇产业。村"两委"成员通过合作社积极与驻地食用菌企业对接，达成合作协议，开创了"党支部领办合作社＋企业＋农户"的发展模式。

在这种模式下，合作社成为连接企业与农户的桥梁，使三方形成了优势互补的利益共同体。合作社借助企业先进的技术、完善的销售网络和既有的品牌效应，为村民提供食用菌种植技术和种植培训，并按照市场价格统一提供菌棒、统一收购、统一销售，保证了产品的质量、产量和销量，增加了社员抵抗风险的能力。根据合作协议，每个大棚的年收入中，须上缴村集体2万元；超出2万元的部分，承包农户、合作社、企业按照5∶3∶2的比例分红。这样，既增加了社员的收入，也让村集体获得了收入。通过发展香菇特色种植和农文旅产业融合，村集体收入从2018年的2.3万元增加到2022年的80万元，钓鱼台村从一个穷村、落后村转变为省级美丽乡村、省级乡村振兴示范村。

八、电商服务型

（一）产生与发展的背景

电商服务型是指，村集体经济组织整合本村特色农产品、旅游资源、旅游产品等，重视网络力量优势，依靠现代化网络技术，通过"互联网＋电子商务平台"进行网络化营销服务，拓展农业新功能，增加集体经济收入，增加农民收入的新型发展模式。

（二）主要做法、成效与案例

做法与成效：利用"互联网＋"开展电商建设，开展"线下体验、线上订购"的"互联网＋集体经济发展"的"双线"运营模式。线下销售方面，如自建实体销售网点，开展"农超对接"等；线上销售方面，与电商网站合作，交易方式灵活，形式多样，市场前景广阔；适合低积累、零基础创业；实现生产与消费信息的互联互通，避免生产的盲目性；解决农民销售难的问题；拉动农村消费市场。

支撑要素：解决农村网络、供电、物流等方面的瓶颈约束；有电子商务专业人才的引领和指导；有特色鲜明的产品。

> **案 例**

滨州市博兴县

顾家老粗布电商产业园位于黄河之滨"董永故里"滨州市博兴县，占地230亩，一期工程建筑面积5万平方米，投资6000多万元建成。顾家村"两委"通过将零散的老粗布经营商户整合到市场，实现了"集中经营在市场，分散加工在农户"的生产经营模式，有效提高了生产经营效率。产业园已形成产品设计、牵机织布、缝制、包装、销售等完整的产业链，成为国内外最大的老粗布生产销售市场。随着电子商务的兴起，顾家老粗布电商产业园提出了"互联网+传统产业"的发展思路，打造了"粗布电商服务中心"，逐步实现了实体店经营和电子商务销售相结合、线下体验与线上订购相结合的经营模式。目前，产业园内绝大部分业主设有自己的网店或网站，顾家村被阿里巴巴定名为中国首批"淘宝村"，博兴老粗布手工技艺在乡村振兴的道路上走出了一条崭新的路子。

九、服务创收型

（一）产生与发展的背景

服务创收型是指，村集体经济组织围绕农业"产前、产中、产后服务"，领办、创办各类服务性组织，通过为农民提供各种优质、高效、便捷的农业生产和销售服务增加村集体收入的发展模式。

（二）主要做法、成效与案例

做法与成效：村集体通过有偿服务创收，不需要集体资产投入；服务多渠道、多元化，业务广泛；村集体承担的风险很小。

> **案 例**

潍坊市三元朱村

位于山东省潍坊市寿光市最南端的三元朱村，是"中国冬暖式蔬菜大棚"的发源地。30多年来，在蔬菜产业带动下，三元朱村逐步实现产业多元化，发展成为集旅游观光、休闲、娱乐、科普教育于一体的乡村旅游、高效农业观光目的地，并成为国家AAAA级旅游景区。村里的农知大道、村史博物馆、高科技温室示范园、樱桃采摘园……每年都吸引着10万人次的游客前来观光旅游。寿光三元朱现代农业科技示范基地服务站，面向全国开展蔬菜生产农资、农技服务，2009年以来，每年实现服务收入320多万元。

十、强村带弱村发展型

（一）产生与发展的背景

强村带弱村发展型是指，以村集体经济发展好的村为核心，整合周边若干相邻一般村、落后村，打破过去各村"各自为战"的情况，以均衡理念补短板，发挥各村服务资源，实现村级协作、资源共享、互帮共进，有效提升村集体经济发展整体水平的发展模式。

（二）主要做法、成效与案例

做法与成效：以强带弱，全面提升农村基层党组织的组织能力和服务群众的发展能力；带动基础薄弱村集体的经济产业发展，从"输血"向"造血"转变。

支撑要素：强村"两委"班子能力强，产业发展好，工作业绩好；强村与弱村产业相近，优势互补；坚持问题导向，有序开展帮扶，合作共赢。

案 例

淄博市

由于历史原因，淄博市村庄规模普遍较小，在全市2 580个行政村中，人口500人以下的有648个，村多且小带来的弊端日益凸显，严重制约着乡村振兴：一是村小、人少，能人更少，"头雁"选人难；二是党员数量少，带领群众增收致富难；三是单村发展空间窄，产业提升难。淄博市打破村与村之间的行政界限，按照地缘相近、乡俗相通、产业相连、资源互补的原则，推动大村强村与小村弱村、历史上有渊源或现实中有融合发展需要的村、产业相近或产业关联度高的村，共同组建联村党委或联村党总支，构建起农村"大党委"工作格局。以沂源县燕崖镇朱家户村、计宝峪村、王庄村等9个村为例，这些村虽普遍拥有良好的生态环境和林果产业优势，但朱家户村等3个村受土地面积、资源存量的影响，发展空间十分有限，后劲不足；王庄村等6个村则苦于村里没有能人，无力开发。这9个村抱团成立朱家户联村党委，将联建村的800余万元各类帮扶资金"打包利用"，并将乡村旅游作为重点发展方向。2019年，村均集体经济收入增长27%。

> **案 例**

青岛市莱西市

青岛市莱西市探索组建由党组织主导成立，市镇村三级国有或集体资本控股，围绕乡村振兴开展生产经营，以推动强村富民、实现共同富裕为使命担当的企业法人，以组织的力量、市场的手段激活乡村公共资源。这种企业法人便是合作社的"升级版"——乡村"共富公司"。在"共富公司"三级架构中，市级"共富公司"发挥产业布局、资源整合、资本赋能等方面的主导作用；镇级"共富公司"聚拢镇域范围内的各种发展要素，对各类涉农政策、资金进行收口归拢，因地制宜承接产业项目落地，指导村级"共富公司"整合各类资源、统一对接市场；村级"共富公司"开展现代农业、物业管理、人力资源开发、小型乡村工程等配套服务，争取把资源的增值收益最大限度留在村庄。"共富公司"既能发挥党组织领办合作社、整合内部资源的优势，又能发挥社会资本对接市场能力强的优势。通过内联党委、政府和村庄，外联广大市场，让沉睡的资源活起来、分散的资金聚起来、增收的渠道多起来，引资金进村，引产业落地，莱西市既做加大财政投入、整合涉农资金的加法，也用"共富公司"这个平台做乘法，积极引进社会资本进入农产品加工、休闲农业等领域，激活了乡村发展的"一池春水"。莱西市成立3家市级国有农业公司作为"共富公司"，以此平台引入金融活水，撬动市场资本。然后再通过注资参股，赋能镇子公司和村级"共富公司"，扶持上马优质的三产融合共富产业项目。

"共富公司"既吸引了社会资本参与农村，又把产业链增值收益更多地留给村集体和村民。莱西市村级"共富公司"包括村庄独资、镇村联合、村企联合、村社联合等多种类型。为切好"蛋糕"，根据不同类型，莱西市完善了多元利益分配方式，引导村集体、村民将土地承包权、宅基地使用权、劳动力等要素入股村级"共富公司"，巩固契约式、分红式、股权式利益联结。

> **链 接**

浙江乡村振兴十大模式和案例

2003年，浙江省启动"千村示范、万村整治"行动。"千万工程"造就万千"美丽乡村"，浙江涌现了一批有思路、带动效应强的案例经验，逐渐形成了乡村振兴的十种发展模式，为全国实施乡村振兴提供了"浙江经验"。

（一）空间聚集型：美丽休闲

桐庐、衢州等地以"多规合一"为引领，优化生产力布局、村庄布局、功能布局，推动乡村生产、生活、生态文化有机融合。

（二）绿色崛起型：生态旅游

安吉余村等地深入践行"绿水青山就是金山银山"的理念，守护绿水青山，换得金山银山。

（三）产村融合型：多元产业

2017年，习近平总书记在党的十九大报告中提出乡村振兴战略，曹村镇率先响应号召，成为瑞安市实施乡村振兴战略的"排头兵"。该镇紧紧围绕战略总要求，以一二三产融合发展为突破口，打造了集农业生产、生态旅游、户外运动、乡村休闲、文化体验、康体度假等功能于一体的曹村田园综合体。每逢节假日，曹村镇"水陆空"三栖旅游日均客流量达到5 000余人次。

（四）品牌引领型：特色产品

丽水等地把提升产品品质、增强品牌影响力作为核心竞争力，撬动乡村产业增色、农村产品增值、农民增收致富。

（五）数字赋能型：互联网+

德清五四村等地利用一张网、一朵云、一张图，为农业插上"智慧翅膀"，为乡村装上"最强大脑"，实现乡村生产生活服务方式数字化变革。

（六）文化深耕型：文化创意

江山大陈村等地深挖乡土文化内涵，推动时尚艺术与乡土气息有机融合、现代文明与农耕文化交相辉映，为乡村发展注入持久力量。

（七）要素激活型：闲置农房

绍兴等地着力激活市场主体要素，让闲置农房活起来、沉睡集体资产醒过来，把外来资源引进来、高端要素聚起来。

（八）能人带动型：社会投资

黄岩乌岩头村等地积极做好引才育才、用人留人文章，借力"布袋教授"，实现空心古村到网红村的蝶变。

（九）片区联动型：联动发展

近年来，淳安县下姜村联合周边31个行政村，施行组织共强、规划共绘、平台共建、资源共享、产业共兴和品牌共塑，共同打造乡村振兴联合体。2019年，大下姜32个村实现村集体经济总收入2 076.9万元、经营性收入931.3万元，有31个村集体经营性收入达20万元以上。

（十）四治融合型：村庄治理

桐乡越丰村等地以红色党建引领绿色发展，做到自治内消矛盾、法治定分止争、德治春风化雨、智治精密管控，实现了共建共治共享。

项目三 农村集体经济发展模式的选择原则

农村集体经济组织在区位、基础、条件、资源等方面差别较大，在发展模式的选择上也不能照搬照抄搞"一刀切"。

一、坚持因地制宜的原则

按照因村施策的要求，立足当地资源、资产、产业、区位等条件，选择适合当地产业发展需要的实现形式，科学选择新型村集体经济发展路径。结合当地特色资源、群众意愿和政府相关政策等，宜农则农、宜工则工、宜商则商、宜游则游，把发展特色产业作为突破口，突出特色化、差异化，培育龙头企业，打造核心竞争力。

二、坚持改革创新原则

把改革创新作为解决发展问题的重要法宝，鼓励基层开放思想、创新实践，探索适合模式和合理机制，激活农村资源要素，增强村集体经济发展动力。

三、坚持资源汇聚原则

由于能够依靠自身特色资源实现乡村振兴的乡村不多，大部分村庄资质平平，难以形成具有竞争力的产业特色。所以，可通过完善机制，让各村集体经济组织联合起来，并加强与企业、金融机构、科研院所、专业团队等的密切合作，实现人才、资金、技术、管理等与当地资源的集聚，从而变"单打独斗"为"集约共建"、变"各自为政"为"优势互补"，推动"一村富"走向"村村富"、"一处美"变成"一片美"。

四、坚持生态优先原则

践行"绿水青山就是金山银山"的发展理念，注重保护农村生态环境，避免资源过度开发和环境污染。

五、坚持典型示范原则

培育不同类型、不同模式的村，总结成功经验和发展路径并加以推广，以点带面，循序渐进，实现整体推进。

政策导航

山东《关于扶持发展村级集体经济的意见》

发展壮大农村集体经济是巩固完善农村统分结合双层经营体制的必然要求，是增强农村自我发展能力的有效途径，是实现乡村振兴、巩固党在农村执政基础的重要举措。为推动全省村级集体经济发展，奠定打造乡村振兴齐鲁样板坚实基础，制定如下意见。

一、总体要求

以习近平新时代中国特色社会主义思想为指导，紧盯"走在前列、全面开创"的目标定位，按照产业兴旺、生态宜居、乡风文明、治理有效、生活富裕的总要求，深入实施乡村振兴战略，强化制度供给，健全支持体系，探索建立以市场为导向的经营灵活、管理有效、运行稳健的集体经济发展新机制，多渠道增加村集体和农民收入，提高村级组织自我发展和服务的能力，巩固党在农村的执政基础。到2020年，全省基本消除集体经济空壳村，村级集体经济收入全部达到3万元以上，其中10万元以上的达到30%；到2022年，10万元以上的达到50%。

二、创新发展路径

1. 开发资源拓展发展空间

巩固和完善清产核资成果，深入开展农村集体承包合同规范整顿，坚决纠正和清理集体资源违规发包、长期低价发包、逾期未收回等问题。整合未承包到户的土地、林地、"四荒""四边"等资源，通过拍卖使用权、绿化权等形式盘活利用。开展农村宅基地所有权、资格权和使用权"三权"分置试点，多方式盘活利用闲置宅基地和农房。鼓励对耕地进行连片整理、统一开发或经营，溢出可用土地收益作为集体收入；社会资本流转土地经营权的，村集体经济组织可收取适量管理费用。

2. 盘活资产发展物业经济

盘活和优化利用村集体闲置的办公用房、农贸市场、厂房、仓库、大型农机具等设施设备，通过自主经营、出租、投资入股等形式增加集体收入。鼓励有条件的村集体异地置业，通过购买或共建商铺、标准厂房、专业市场、写字楼和公寓等物业资产，获得稳定收益。鼓励省扶贫工作重点村或资源匮乏、基础较差的薄弱村，利用扶贫资金、闲置土地等与经济强村共建项目、共享收益。

3. 立足优势壮大特色产业

大力培育具有地域特色的"土字号""乡字号"农产品品牌，形成"一村一品""一乡一业"的特色产业发展格局。以"粮头食尾""农头工尾"为抓手，支持发展县域、镇域农产品精深加工，尽可能把产业链留在县域和乡镇。大力发展乡村手工业，挖掘农村能工巧匠，组织一批家庭工场、手工作坊、乡村车间共闯市场。鼓励村集体根据区位、历史、资源等条件，利用特色小镇、美丽乡村、现代农业园区等载体，吸引社会投资。鼓励以乡镇（街道）为单位统筹实施优质产业扶贫项目，明晰扶贫资产产权，促进薄弱村稳定增收。

4. 突出特色发展乡村旅游

实施乡村旅游规模化工程、精品工程、效益提升工程，打造一批乡村旅游集群片区和旅游小镇，将"绿水青山"变成"金山银山"。鼓励村集体依托农业产业、自然风光、民俗风情、农耕文化等资源，领办或与其他主体联合创办乡村旅游经济实体，积极发展生态观光、餐饮民宿、农耕体验、健康养生、养老服务等乡村旅游项目。继续开展乡村旅游后备箱示范工程，扩大示范基地范围，推出一批具有地域特色的农副土特产品和乡村旅游纪念品，拓宽集体和农民增收渠道。

5. 融合发展农业新型业态

全面推进信息进村入户，实施"互联网+"农产品出村进城工程，开展电子商务进村综合示范。鼓励村集体运用互联网思维和手段，融合共享、绿色发展理念，把种植、生产、加工过程展示给消费者，发展订单、互助、互动式生产经营。鼓励村集体依托传统特色农产品、手工艺品、农创产品等，拓宽线上线下销售渠道。加大与电商企业合作力度，通过搭建特色农产品线上宣传、展示、交易平台，重点打造一批淘宝镇、淘宝村，带动特色种植养殖、加工和包装、仓储物流等产业发展，形成集群效应。

6. 鼓励推行党组织领办合作社

充分发挥党组织的政治优势、组织优势，鼓励通过村党组织领办合作社，把农村党员群众组织起来，集中资源要素实现抱团发展，推动群众致富、集体增收。鼓励合作社拓宽经营范围，因村制宜从事农产品种植、畜禽和水产品养殖、农产品加工、乡村旅游、电商等，开展生产资料供应、生产性服务、农产品销售等服务，承接劳务输出、物业管理、道路养护、家政服务等业务，吸纳农民转移就业并从中获得收益。支持村党组织领办合作社优先承担财政资金项目，解决启动资金、生产设施设备购置、风险分担等方面的困难和问题。鼓励依托党组织领办的合作社与农业龙头企业、农民专业合作社联合，在乡村兴办生产车间，发展农产品深加工、储藏保鲜、物流运输等经营性项目，增加集体收入。

三、优化扶持措施

1. 用好土地政策

在符合规划的前提下，保障村集体经济发展用地。国土空间规划确定为工业、商业等经营性用途，并经依法登记的集体经营性建设用地，土地所有权人可以依法通过出让、出租等方式交由单位或者个人使用。对于开展城乡建设用地增减挂钩试点和工矿废弃地复垦项目试点的村，节余挂钩指标或复垦指标应优先用于项目所在地的农民生产生活、新型农村社区、农村基础设施和公益设施建设，并留足非农产业发展建设用地空间。节余挂钩指标或复垦指标经批准有偿调剂使用的，所得收益主要用于本村集体经济组织建设。

2. 强化财政扶持

落实村级组织运转财政补助经费增长机制，到2020年县域范围内平均每村每年财政补助经费不低于10.5万元。充分利用涉农资金统筹整合政策，乡村振兴重大专项资金要向扶持发展村级集体经济重点倾斜。继续做好中央财政资金扶持发展村级集体经济试点，鼓励各级参照国家标准开展地方性试点。各级财政到村的农业生产发展类专项资金，除补贴类、救济类、应急类外，应交由村集体或村集体领办、创办、参股的合作社组织实施；专项资金形成的资产和公益类小型项目，优先安排村集体经济组织作为管护主体。政府拨款、财政扶持和减免税费形成的资产，归村集体经济组织所有，由县级职能部门办理移交手续。

3. 创新金融服务

鼓励有条件的村，在风险可控的前提下，利用闲置资金投资政府主导的建设项目或购买国债等，探索投资稳定收益渠道。支持村集体与企业、合作社或其他经济组织等合作，成立联合置业公司抱团发展。鼓励金融机构把村级集体经济组织和村党组织领办的合作社纳入授信范围，提供个性化、多样性的金融产品和利率优惠服务。鼓励县域建立政府性融资担保公司或设立风险补偿资金，扶持发展经营风险小、长远效益好的村级集体经济项目。鼓励依托现有机构（平台）建立区域性农村产权流转交易市场（中心），开展农村各类产权流转交易，盘活存量资产。积极拓展农村集体资产股权质押权能，解决农业融资难问题。

4. 落实税费优惠

按照国家税收政策，进一步落实农村集体经济组织从事农业生产经营、农业生产资料销售、农业生产服务、农村土地房屋、农村金融等方面的税收优惠。在农村集体产权制度改革中，村集体经济组织申领、换发登记证不收取费用；符合条件的，免征农村集体经济组织进行股份合作制改革涉及的契税；免征对农村集体经济组织以及代行集体经济组织职能的村民委员会、村民小组进行清产核资收回集体资产涉及的契税，据此签订的产权转移书据免征印花税；按照国家规定免收确权变更中的土地、房屋等不动产登记涉及的登记费和工本费。农村集体经济组织直接销售自产农产品，符合税法条件的免征增值税；从事农、林、牧、渔项目的所得，符合条件的免征或减征企业所得税。对村集体建设集中居住点、养老公寓等，适当减免水电、消防、通信、广播

5. 加大人才支持力度

从致富能手、外出返乡人员、本土大学毕业生、机关干部、退休人员、退役军人中选派优秀党员担任村党组织书记。全面推行向集体经济空壳村选派第一书记。从2019年开始，每年选派不少于1 000名村党支部书记到先进地区集中培训，选调1 000名左右优秀高校毕业生到基层工作，招募1 200名左右"三支一扶"人员到基层服务。继续实施"三个百万计划"，加大乡村人才培养力度；健全农科生公费教育政策，紧盯农村急需紧缺人才，扩大培养数量和规模；支持农业科技人员、科技特派员带技术、带项目入股村集体经济组织或开展合作研发。

四、强化组织保障

1. 加强组织领导

扶持发展村级集体经济工作由省委组织部、省农业农村厅牵头，联合省直相关部门定期研究解决工作推进中的重要问题。扶持发展村级集体经济日常工作的协调推进、督导落实，由省农业农村厅负责；省直各有关部门单位根据职责分工，细化工作方案，抓好配套措施的制定落实，形成各司其职、合力攻坚的工作机制。各市、县（市、区）结合实际制定实施方案，明确任务书、时间表和责任人，确定牵头领导、责任部门、支持项目、发展计划等，细化实化落实措施。

2. 建强基层组织

深化村党组织评星定级工作，细化完善创建评选标准，将村级集体经济发展作为重要评定依据。持续整顿软弱涣散村党组织，从2019年起每两年一个周期开展两轮集中整顿，严格落实县乡领导班子成员帮包、选派第一书记、派驻工作队等措施，推动村级党组织晋位升级。深化党员量化积分管理，围绕产业发展、脱贫致富全面组织开展党员承诺践诺、设岗定责等活动，引导农村党员在推动村庄发展中当表率、做贡献。建立农村党组织建设情况定期排查制度，县（市、区）党委每年对带头人队伍建设、集体经济发展等村级党组织建设情况开展一次摸底排查，指导督促乡镇党委制定措施、抓好整改。

3. 完善运行机制

强化村党组织领导地位，加强对本村集体经济组织的领导。推行村党组织书记、班子成员按照法定程序兼任集体经济组织负责人，村党组织提名推荐集体经济组织管理层负责人和经营管理人员。村级集体经济组织的重要事项，提交村党组织会议研究讨论。建立健全村级集体经济组织，依法确立其特殊法人地位，健全村集体经济经营运行机制和收益分配机制，发挥在管理集体资产、合理开发集体资源、服务集体成员等方面的作用。研究制定关于推动党组织领办合作社的政策措施，从加强组织领导、强化政策扶持、规范日常运行等方面推动工作规范提升，促进村级集体经济提档增效。

4. 健全规章制度

深化农村集体产权制度改革、农村承包土地"三权"分置改革，进一步盘活集体资源，激发农村活力。健全村级资产管理台账和登记、保管、使用、处置、备案制度以及招投标、经济合同管理等制度。探索建立定期和不定期审计相结合的审计制度，强化集体经济组织负责人离任审计，形成有效监督。探索建立村级债务申报审批和预警机制，强化农民负担监管，避免加重村级负担。探索以县、乡为单位建立村（居）产业项目论证制度，综合考虑本辖区产业布局、资源分布、区位等，形成特色鲜明、优势互补、错位发展、规模适中的乡村产业发展格局。

5. 强化激励约束

将发展村级集体经济列为"一把手工程"，纳入乡村组织振兴评价和市县乡党委书记抓基层党建述职重要内容，夯实各级党委政府主体责任，层层传导压力。对村干部实施"基本报酬＋绩效考核＋集体经济发展创收奖励"的报酬补贴办法，经村集体经济组织成员（代表）会议通过、乡镇（街道）审核同意，允许从当年度村集体经营收益增量中拿出不超过10%的资金，奖励作出突出贡献的人员。

模块四　农村集体经济组织"三资"管理

学习目标

1. 了解农村集体经济组织"三资"管理的内涵、意义和原则；
2. 熟悉农村集体经济组织最佳现金持有量的方法；
3. 掌握农村集体经济组织"三资"日常管理；
4. 熟悉农村集体经济组织"三资"管理制度。

案例导学

近年来，山东省滕州市积极探索农村集体"三资"管理新思路。该市各镇街成立农村集体"三资"委托代理中心，严格执行统一报账时间、统一财务公开、统一记账账簿、统一电子记账"四统一"标准。坚持委托代理强监管，保证村集体资金所有权、使用权、监督权、收益权、处置权"五权"不变；运用互联网搭建"滕州农村集体非现金结算管理平台"，对村集体资金进行全方位监管，真正做到把权力放到阳光下运行、让村级资金接受老百姓监督。以上措施在最大程度地维护广大人民群众的根本利益，不断提升群众幸福感、满意度，实现农村社会和谐稳定方面发挥了重要作用。

项目一　农村集体经济组织"三资"管理概述

一、农村集体经济组织"三资"的内涵

农村集体经济组织的"三资"是对集体所有制下农村集体经济组织的资金、资产

和资源的统称。农村集体经济组织的资金、资产、资源属于农村集体经济组织成员集体所有，是发展农村集体经济和实现农民共同富裕的重要物质基础。

（一）农村集体经济组织资金

农村集体经济组织资金是指农村集体经济组织所拥有的货币资金，包括库存现金、银行存款和其他货币资金等。其来源包括：农村集体经济组织统一生产经营、资产租赁、发包、投资、资产处置等取得的收入，"一事一议"筹资款，集体土地补偿收入，接受的捐赠资金，政策性补助资金和政策性项目资金等。

（二）农村集体经济组织资产

农村集体经济组织资产特指农村集体经济组织除农村集体资金以外的全部资产。其具体包括：农村集体经济组织投资兴建的房屋、建筑物、机器、设备等固定资产，水利、交通、文化、教育等基础公益设施，以及农业资产、材料物资、债权等其他资产。

（三）农村集体经济组织资源

农村集体经济组织资源是指，按照法律法规规定，属于农村集体经济组织所有的自然资源，包括建设用地、耕地、林地、草原、荒地、滩涂、水面等自然资源。

具体分三类：

一类是农用地，包括耕地、林地、水面等；

二类是建设用地，包括居民宅基地、村办公用地、公益单位用地、乡村交通用地等；

三类是未利用土地，包括荒山、荒坡、荒地、荒滩等。

农村集体经济组织对其所有的资金、资产和资源依法享有占有、使用、收益和处分的权利，在遵守有关法律法规的前提下，有独立进行经济活动的自主权。村（组）应当建立健全农村集体经济组织，行使农村集体资产所有权和经营管理权。尚未建立集体经济组织的村，由村民委员会行使农村集体资产管理职能。

二、农村集体经济组织"三资"管理的意义

农村集体经济组织的"三资"是农村集体经济组织成员长期劳动积累和入股形成的共同财富。农村集体经济组织的"三资"问题始终是农民群众最关心的热点难点问题，也是农村基层干部违纪违法问题的多发领域。加强农村集体"三资"管理，能化解农村矛盾，维护农村的和谐稳定。

（一）加强农村集体经济组织"三资"管理，有利于加强农村基层党风廉政建设，增强农村基层党组织的创造力、凝聚力和战斗力，对维护农村改革发展稳定大局具有重要意义

当前，农村集体经济组织的"三资"不同程度地存在被贪占、挪用、挥霍浪费、

随意平调或无偿占用的情况，在管理中，集体资金坐收坐支、白条入库、公款私存、虚报冒领、审批手续不全、管理不够民主、使用透明度低等现象时有发生，群众反响强烈。规范"三资"管理，就是为遏制违法违规行为提供有效的环境空间，有利于加强农村基层党风廉政建设，维护农村的和谐稳定。

（二）加强农村集体经济组织"三资"管理，有利于盘活农村存量资产，增加农民财产性收入

抓好农村集体经济组织"三资"管理，通过农村产权制度改革，摸清底数，盘活存量资产，确权入股，进而优化配置，科学管理，有利于实现集体资产保值增值，有利于增加农民财产性收入。

（三）加强农村集体经济组织"三资"管理，有利于发展壮大农村集体经济，有利于增强集体经济组织为成员服务的功能

加强农村集体经济组织"三资"管理，既可以堵塞农村经济组织"三资"管理漏洞，起到"节流"作用，又可以探索集体经济的有效实现形式，充分挖掘存量资产资源的增值潜力，发挥"开源"作用，有利于增加村集体经济组织积累，为农村社会事业发展提供充足的资金保障，促进农村社会经济又好又快地发展。

三、农村集体经济组织"三资"管理的原则

农村集体经济组织的资金、资产、资源属于农村集体经济组织成员集体所有，根据《农村集体经济组织会计制度》等规定，农村集体经济组织的资金、资产、资源管理要切实维护农民权益、发挥农民的主体地位，要坚持四个原则。

（一）民主管理原则

村集体经济组织成员对村集体的资金、资产、资源享有占有、使用、收益和分配的管理权、决策权、监督权。

（二）公开透明原则

村集体经济组织的资金使用和收益情况及其有关账目、重大经济事项等应当向全体成员公开，资产、资源的承包、租赁等应该实行公开招投标或者公开竞价。

（三）成员受益原则

村集体经济组织的资金、资产、资源属于村集体经济组织所有，其合法权益受法律保护，任何单位和个人不得侵占、平调、挪用。村集体经济组织可以采用不同的经营模式和管理方式，提高经营管理水平，节本增效，确保资金、资产、资源的安全和保值增值，让村集体经济组织成员获得更大收益。

（四）坚持独立核算的原则

村原财务独立核算的主体不变，实行以村建账，单独核算，保持原村账户、债权

债务关系不变，保持原村财务的独立和完整。

四、农村集体经济组织"三资"监管代理制度

农村集体经济组织是农村集体"三资"管理的主体，农村集体经济组织依法依规对农村集体经济组织"三资"进行管理工作，可自行管理，也可委托管理。目前，在我国农村比较普遍的监管代理模式是农村集体经济组织成员大会或者成员代表大会委托乡（镇）"三资"监管代理服务中心管理。

（一）农村集体经济组织"三资"监管代理的基本原则

农村"三资"代理服务中心要严格执行财政部《农村集体经济组织会计制度》，按照"一村一账"的方式进行分户核算管理，建立统一的行政村集体"三资"台账，对各村"三资"进行代理服务。"三资"台账的保管、调整实行动态管理，并逐步纳入电算化管理。各村根据"三资"的使用变动情况，及时到"三资"委托代理服务中心进行台账变更调整，保证账账相符、账实相符。

1. 坚持农村集体资金的所有权、使用权、审批权、收益权不变的原则

村集体资金属于该村集体经济组织所有，其合法权益受法律保护，任何单位和个人不得侵占、平调、挪用。

2. 坚持独立核算的原则

村原财务独立核算的主体不变，实行以村建账，单独核算，保持原村账户、债权债务关系不变，保持原村财务的独立和完整。

3. 坚持民主管理和民主监督的原则

加强集体资产管理，坚决制止不良债务新增，发挥民主管理和民主监督的作用。

4. 坚持账、表、证统一管理的原则

村财务管理所需账簿、记账凭证、凭证封面、报表，一村一柜，由乡（镇）"三资"代理服务中心统一保管。

（二）农村集体经济组织"三资"监管代理的程序

1. 开展"三资"清理

实行农村集体"三资"监管代理工作时，首先要对农村集体经济组织资金、资产、资源进行全面清理，摸清农村集体经济组织"三资"的家底，为实行农村集体"三资"监管代理工作奠定坚实的基础。

2. 办理代理手续

签订代理协议。农村集体经济组织在成员大会或者成员代表大会表决同意后，将其"三资"委托乡（镇）农村集体"三资"监管代理中心管理，并与其签订委托代理协议，实现乡镇、村两级双重监管。

实行农村集体"三资"监管代理后，村级不再设会计和出纳，只配备专职或兼职

的报账员。同时，取消各行政村在金融机构自行设立的银行账户，由乡（镇）农村集体"三资"监管代理中心在银行设立村级资金代管专用账户核算村级资金。

3. 建立运行规程

实行农村集体"三资"委托代理服务后，乡（镇）农村集体"三资"监管代理中心要认真落实《中华人民共和国会计法》（以下简称《会计法》）、《农村集体经济组织会计制度》，以及上级关于加强农村集体"三资"管理的有关政策法律法规，建立运行规程，统一报账时间、报账程序、会计核算、档案管理。同时还要规范账簿和会计科目的设置，乡镇一般设立"三账三簿"，即银行存款日记账、总账、明细账，固定资产登记簿、债权债务登记簿和资产、资源登记簿；村级设立"一账四簿"，即现金（银行存款）日记账、内部往来登记簿、固定资产登记簿、资源登记簿、"两工"登记簿等。

项目二 农村集体经济组织资金管理

一、农村集体经济组织资金内涵

农村集体经济组织资金是指农村集体经济组织所拥有的货币资金，包括库存现金、银行存款和其他货币资金等。

（一）库存现金

库存现金是指存放在核算单位内部并由出纳人员保管的现钞，包括库存的人民币和各种外币。实行农村集体"三资"监管代理制度的村，采用备用金形式。

（二）银行存款

银行存款是农村集体经济组织存入银行或其他金融机构的款项。实行农村集体"三资"监管代理制度的村，其为集中存放在乡（镇）"三资"监管代理中心专用账户的存款。

（三）其他货币资金

其他货币资金是指农村集体经济组织除现金、银行存款以外的其他各种货币资金，包括外埠存款、银行汇票存款、银行本票存款、信用卡存款、信用证保证金存款及存出投资款等。

按照国家有关规定，凡是独立核算的单位都必须在当地银行开设账户。农村集体经济组织在银行开设账户以后，除按核定的限额保留库存现金外，超过限额的现金必须存入银行；除了在规定的范围内可以用现金直接支付的款项外，在经营过程中所发生的一切货币收支业务，都必须通过银行存款账户进行结算。

二、农村集体经济组织资金管理制度

（一）财务收入管理制度

农村集体经济组织收入包括农村集体经济组织统一经营收入，发包及村办企业上缴收入，租赁、投资、资产处置收入，上级转移支付及奖励、补助、补偿资金，社会捐赠资金，"一事一议"资金，集体建设用地收益和其他收入等。农村集体经济组织取得的各项收入应当使用规定的票据及时入账核算，做到应收尽收；严禁公款私存、私设小金库；要加强票据管理，杜绝"白条"抵库；要定期与开户银行核对账目，定期盘点库存现金，做到日清月结、账款相符、账实相符；发现问题要及时纠正。

（二）财务开支审批制度

农村集体经济组织支出包括统一经营支出，村组（社）干部报酬、办公费、差旅费、会议费、卫生费、治安费等管理费支出，集体公益福利支出，固定资产购建支出，救济扶贫专项支出，社会捐赠支出等。农村集体经济组织财务支出应做到民主理财、公开透明，接受全体成员监督。日常开支按规定程序审批，重大事项开支应当履行民主程序。财务开支事项发生时，经手人必须取得合法的原始凭证，注明用途并签字（盖章），交民主理财小组集体审核，审核同意后，由民主理财小组组长签字（盖章），报经主管财务的负责人审批同意并签字（盖章），由会计人员审核记账。财务流程完成后，要按照财务公开程序进行公开，接受全体成员监督。

（三）财务预决算制度

农村集体经济组织年初应当编制全年资金预算方案，按民主程序形成决议并张榜公布；预算调整时，要严格履行相关程序。年终应当及时进行决算，并将预算执行情况和决算结果向全体成员公布。

（四）资金管理岗位责任制度

农村集体经济组织要明确各财务管理岗位的职责、权限，实行账、款分管，支票、财务印鉴分别保管。实行会计委托代理的地方，要按照会计核算主体分设账户（簿）。应当尊重各农村集体经济组织的资产所有权和财产管理自主权，不得改变农村集体资金的性质。

（五）财务公开制度

农村集体经济组织应当将财务活动情况及有关账目，定期逐笔逐项向全体成员公布，接受群众监督。年初公布财务收支计划，每月或每季度公布各项收入、支出情况，年末公布各项财产、债权债务、收益分配等情况。

三、农村集体经济组织资金管理

（一）现金的管理

现金有广义和狭义之分。狭义的现金指的是库存现金，即存放在核算单位内部并由出纳人员保管的现钞，包括库存的人民币和各种外币。广义的现金是指村集体经济在运营过程中持有的货币形态的资金，主要指现金和银行存款。

现金是农村集体经济组织流动性最强的一种货币性资产，可以随时用来购买所需物资、支付日常零星开支、偿还债务等。拥有一定量的现金能使村集体具有较强的偿付能力和承担风险能力。因此，保证现金的安全并加强对现金的收支控制是现金管理的首要目标。

1. 现金的持有动机

交易动机。其是指村集体经济组织保持一定数额的现金，以用于购买原材料、支付工资、缴纳税金、偿还到期债务等。村集体经济组织每天的现金收入和现金支出很少同时发生，即使同时发生也难以收支数额相等，保留一定的现金余额可使村集体经济组织在现金支出大于现金收入时，维持正常的支付能力。另外，如果有足够的现金，村集体经济组织还可以享受供货方提供的及时付款折扣。交易动机的现金需求量主要取决于村集体经济组织的产销量水平。

预防动机。其是指村集体经济组织持有现金，以备应对意外事件对现金的需求。村集体经济组织预计的现金数额一般是指正常情况下的需要量，但有许多意外事件，如自然灾害、生产事故、坏账等，会使预计的现金需要量与实际情况发生偏差。因此，在正常现金需要量的基础上追加一定数量的现金，可使村集体经济组织更好地应对意外事件的发生。预防动机所需资金量的多少，取决于村集体经济组织现金收支预测的可靠程度、临时筹集资金的能力、愿意承担风险的程度。

投机动机。其是指村集体经济组织持有现金，以抓住市场机会及用于不寻常的购买机会，从而获得较大的收益。例如，在合适的时间购买质优价廉的原材料及其他资产。

2. 现金的持有成本

持有现金必然付出代价，持有现金的成本通常由以下几个部分构成。

机会成本。农村集体经济组织持有一定数量的现金，就必然会放弃将这部分现金用于其他投资可能获得的收益。这种被放弃的潜在收益就是现金持有的机会成本，一般可用农村集体经济组织的资金成本、资金成本收益率、证券投资率等指标来表示。机会成本与村集体经济组织的现金持有量成正比，即现金持有量越大，机会成本就越高。

管理成本。持有现金会发生管理费用，如管理人员的薪酬、安全措施实施费用等，这些费用就是现金持有的管理成本。管理成本是一种固定成本，它与现金持有量之间没有明显的变化关系。

转换成本。购入和转让有价证券换取现金时付出的固定性交易费用及现金同有价证券之间相互转换的成本，比如经纪人费用、税费及其他管理费用等，这些费用就是现金持有的转换成本。转换成本与交易的次数成正比。

短缺成本。在现金持有量不足而又无法及时通过有价证券变现加以补充时，给村集体经济组织造成的损失，包括直接损失和间接损失，如丧失购买能力成本、信用损失成本等，这些成本就是现金持有的短缺成本。短缺成本与现金持有量呈反向变动关系，即现金持有量越大，短缺成本越低。

3. 最佳现金持有量的确定

基于现金的交易、预防和投机等动机的需要，村集体经济组织必须拥有一定数量的现金，确定现金最佳持有量是现金管理的重要内容之一。下面介绍两种常见的确定方法。

现金周转期法，是根据村集体经济组织现金的周转天数来确定现金最佳持有量的方法。

现金周转天数：从采购材料投入生产经营到产品销售收回现金的天数。

现金周转天数＝存货周转天数＋应收账款周转天数－应付账款周转天数

最佳现金持有量＝日现金需求量现金周转天数

日现金需求量＝年现金需求量÷360

公式中：存货周转天数是指将原材料转化为农产品并出售所需的天数；

应收账款周转天数是指将应收账款转换为现金所需的天数；

应付账款周转期是指从赊购材料开始到支付现金之间所需的天数。

> **案　例**

某村集体经济组织预计全年需要现金612万元，预计存货周转天数为69天，应收账款周转天数为31天，应付账款周转天数为20天，求最佳现金持有量。

现金周转天数＝69＋31－20＝80（天）

日现金需求量＝612÷360＝1.7（万元）

最佳现金持有量＝1.7×80＝136（万元）

现金周转期法简单明了，易于计算，但该方法适用的前提是材料采购与产品销售产生的现金流量在数量上一致，村集体经济组织的生产经营过程在一年中稳定地进行，即现金需要与现金供应不存在不确定的因素。若以上前提条件不存在，则该方法确定的最佳现金持有量将发生偏差。

存货模式法，是将现金看作村集体经济组织的一种特殊存货，将存货管理中的经济批量模型原理用于确定目标现金持有量的方法。其着眼点也是现金相关总成本最低。

存货模式法的假设条件：

①村集体经济组织未来年度的现金需求总量可以预测；

②可以通过出售短期证券来获得所需资金，且短期证券可随时变现；

③现金支出是均匀发生的。

最佳现金持有量的计算：

①现金管理总成本＝交易成本＋机会成本

＝每次交易成本$\dfrac{\text{一定期间的现金需求量}}{\text{现金持有量}}$＋机会成本率$\dfrac{\text{现金持有量}}{2}$

②最佳现金持有量 = $\sqrt{\dfrac{2\times 一定期间的现金需求量每次交易成本}{机会成本率}}$

③最佳有价证券交易次数 = 一定期间的现金需求量÷最佳现金持有量

④最佳有价证券交易间隔期（天数） = 360÷最佳有价证券交易次数

> **案　例**

某村集体经济组织预计全年需要现金60 000元，现金与有价证券每次的交易成本为400元，有价证券的利率为12%，则该集体经济组织的最佳现金持有量为多少？现金管理总成本是多少？

最佳现金持有量 = $\sqrt{2\times 60\,000\times 400\div 12\%}$ =20 000（元）

现金管理总成本 =400×60 000÷20 000 +12%×20 000÷2 = 2 400（元）

（二）库存现金的管理

农村集体经济组织应当按照国务院《现金管理暂行条例》和中国人民银行《现金管理暂行条例实施细则》对库存现金进行严格管控。

1. 库存现金的使用范围

按国家有关规定，农村集体经济组织现金可在以下范围内使用：

①给村干部和村民个人的工资、各项工资性补贴；

②支付给个人的劳务报酬；

③支付村内各种抚恤金、学生奖学金、丧葬补助费；

④支付出差人员必须随身携带的差旅费；

⑤农村集体经济组织向个人收购农产品和其他物资的价款；

⑥各种劳保、福利费用及国家规定对个人的其他支出；

⑦结算起点以下的日常零星支出；

⑧中国人民银行确定需要支付现金的其他支出。

2. 库存现金的限额

农村集体经济组织应当严格执行国务院制定的《现金管理暂行条例》，按照开户银行核定的限额管理现金，超限额部分应当及时送存银行。库存现金限额应由农村集体经济组织提出计划，报开户银行审批。经核定的库存现金限额，农村集体经济组织必须严格遵守。农村集体经济组织的库存现金限额，由于生产或业务变化，需要增加或减少时，应向开户银行提出申请，经批准后再行调整。农村集体经济组织库存现金的限额，由开户银行根据实际需要，以开户单位三至五天的日常零星开支所需核定；对于边远地区和交通不发达地区的农村集体经济组织，可以适当放宽核定标准，但限额最多不得超过十五天的日常零星开支。库存现金限额一经核定，农村集体经济组织必须严格遵守，不能任意超过，超过限额的现金应及时存入银行；库存现金低于限额时，可以签发现金支票从银行提取现金，补足限额。

农村集体经济组织实行"三资"监管的，备用金的限额由"三资"监管代理中心根据各村业务量大小、地理位置及支出状况，与村集体经济组织协商决定。由于特殊因素需要增加备用金额度的行政村，必须经乡镇"三资"管理监督委员会审批。备用金的领取由村报账员申报、村财务负责人审核、"三资"监管代理中心主任审批。农村集体经济组织发生支出业务后应及时报账并补足备用金；如无必要继续使用备用金，应及时缴存到"三资"监管代理服务中心开设的资金账户。

3. 库存现金收支的管理规定

农村集体经济组织收入现金，应于当日送存开户银行，当日送存确有困难的，由开户银行确定送存时间。

农村集体经济组织支付现金，可以从本单位现金库存中支付或从开户银行提取，不得从本单位的现金收入中直接支付（即坐支）；因特殊原因需要坐支现金的农村集体经济组织，必须事先报经开户银行审查批准，由开户银行核定坐支范围和限额。坐支单位必须在现金账上如实反映坐支金额，并按月向开户银行报送坐支金额和使用情况。

农村集体经济组织从开户银行提取现金的，应当如实写明用途，由本单位财会部门负责签字盖章，并经开户银行审查批准、予以支付。

农村集体经济组织因采购地点不确定、交通不便、抢险救灾及其他特殊情况办理转账结算不够方便，必须使用现金的，要向开户银行提出书面申请，经开户银行审查批准、予以支付。

农村集体经济组织必须建立健全现金账目，逐笔记录现金支付；账目要日清日结，做到账款相符。不准用不符合财务制度的凭证顶替库存现金；不准单位之间相互借用现金；不准谎报用途套取现金；不准利用银行账户代其他单位和个人存入或支取现金；不准将单位收入的现金以个人名义存入储蓄；不准保留账外公款（即小金库）。

专业术语：坐支

所谓"坐支"，是指农村集体经济组织收到现金以后不存入银行，直接从收到的现金中支出。会计上讲究收支两条线，收是收，支是支，收到的现金要存入银行，支出的现金要从日常备用金中支取。不按照财务收支两条线来操作，将两者混淆，收入不存入银行，直接用于单位购货、日常零星支出、借款等，这种行为就是坐支。

在审计过程中，如发现农村集体经济组织存在财务"坐支"、私设"小金库"等违规问题，应按程序向其下达整改通知书，责令限期整改。对发现的违纪违规或失职行为，应移交纪检监察机关依规做出处理；情节严重、构成犯罪的，应移交司法机关依法追究法律责任。

案 例

2015年2月，某村党支部委员、村委会主任钱某某收取本村老年公寓租金3.2万元后，未将租金经由村集体经济组织账户，而是直接用于支付老年公寓管理人员的工资及老年公寓的日常维护，最终受到党内警告处分。

案 例

2008年至2015年，某村存在大额"白条子"支出情况，直至2017年4月才全部入账。其间，村党支部书记龚某某、村主任朱某甲、村监事委员会原主任朱某乙等人在村级财务管理过程中违反财经纪律，且经镇政府多次督促后整改仍不及时。最终，龚某某、朱某甲分别受到党内严重警告处分，朱某乙受到党内警告处分。

（三）银行存款的管理

银行存款是农村集体经济组织存入银行或其他金融机构的款项。按照国家有关规定，凡是独立核算的单位都必须在当地银行开设账户。农村集体经济组织在银行开设账户以后，除按核定的限额保留库存现金外，超过限额的现金必须存入银行；除了在规定的范围内可以用现金直接支付的款项外，在经营过程中所发生的一切货币收支业务都必须通过银行存款账户进行结算。

1. 银行开户的有关规定

农村集体经济组织要按照有关规定开设银行账户。一个集体经济组织只能开设一个基本账户，但有土地补偿费业务的农村集体经济组织，可以再开设一个专门账户，对土地补偿费实行专户管理、专账核算。农村集体经济组织办理资金结算事项，应当实行农村集体经济组织和农村会计委托代理服务中心"双印鉴"。农村集体经济组织不仅要在银行开立账户，而且账户内必须要有可供支付的存款；银行存款账户只能办理本村集体经济业务事项，不得向外单位或者个人出租、出借或者转让账户，也不得将本村集体经济组织的存款以个人名义转存；要按照规定使用账户，不得弄虚作假套取现金或者套购物资。

实行会计委托代理服务的农村集体经济组织，资金均要求存入乡（镇）"三资"监管代理中心统一开设的银行账户。乡（镇）"三资"监管代理中心为每个村开设代理资金专户，记录各村的银行存款数额，以便于各村掌握代管资金数额；建立代管资金结算手册，反映代管资金的收支结存情况。村级报账员每次存入、支取代管资金，由乡（镇）"三资"监管代理中心的出纳员在代管资金结算手册上记录并签章。

2. 银行结算纪律

中国人民银行颁布的，自 1997 年 12 月 1 日起施行的《支付结算办法》规定："单位和个人办理支付结算，不准签发没有资金保证的票据或远期支票，套取银行信用；不准签发、取得和转让没有真实交易和债权债务的票据，套取银行和他人资金；不准无理拒绝付款，任意占用他人资金；不准违反规定开立和使用账户。"

3. 乡（镇）"三资"监管代理中心在银行存款的管理上应当认真执行国家各项管理办法和结算制度

发生银行存款收付业务时，出纳人员应及时登记银行存款日记账。

遵守国家规定的信贷纪律和结算纪律，不出租出借账户，不开空头支票。

出纳人员应妥善保管空白支票、汇票和本票，并设置备查登记簿，登记其购入、发出和注销情况。

及时与银行对账。定期与银行对账单核对银行存款余额，对未达账项，应及时注明原因，编制银行存款余额调节表。

案 例

2008 年，某村通过上级单位争取到扶持资金 3 万元，其中入村账 1.9 万元，支出争取项目协调费用 0.3 万元，余下的 0.8 万元被村党支部书记王某某、村干部刘某某、村计生专干何某某（非党员）三人私分。结合其他违纪行为，王某某被给予留党察看一年处分，刘某某被给予党内严重警告处分，何某某被通报批评。

案 例

2011 年 5 月间，某村村委会套取上级农业补助专项资金 36 126 元，分别用于修缮祖庙和私分给部分村"两委"成员。市纪委给予村党支部原书记黄某甲、村委会原主任黄某乙党内严重警告处分，给予村党支部原副书记、报账员黄某丙党内警告处分，没收套取的农业补助资金上缴国库。

（四）农村集体经济组织资金的清查

农村集体经济组织资金清查主要是货币资金的清查，包括库存现金和银行存款的清查等。

1. 库存现金的清查

库存现金的清查是通过实地盘点的方法进行的。清点库存现金时，出纳人员必须在场，以明确责任。将库存现金实地清点后，确定现金的实际结存数，并将其与现金日记账的账面结存数额进行核对，确定现金长短款的数额。清查时需要注意有无收据、借据抵充现金、库存现金超过规定限额、坐支现金等现象。清点现金后，将清查结果填入《库存现金盘点表》，由盘点人员和出纳人员签章。

2. 银行存款的清查

银行存款的清查采用的是核对法，即将开户银行定期送来的对账单与农村集体经济组织的银行存款日记账逐笔核对。清查前，应将本单位发生的经济业务过入银行存款日记账，再对账面记录进行检查复核，以确定账簿记录是完整、准确的。然后，将开户银行出具的对账单与银行存款日记账账面记录进行逐笔核对。

经过核对，如果出现双方账目不相符，一般情况下，主要原因有两方面：一是双方记账可能有差错，如错账、漏账等，需要及时查明更正；二是存在未达账项，在这种情况下，即使本单位的银行存款日记账与开户银行出具的对账单记录都正确无误，也会出现双方余额不相等的情况。未达账项是指由于企业与银行取得凭证的实际时间不同，导致记账时间不一致，发生的一方已取得结算凭证且已登记入账，而另一方未取得结算凭证尚未入账款项；不包括遗失结算凭证、发现的待补结算凭证。出现未达账项是正常的，可通过编制银行存款余额调节表进行调节，以消除未达账项的影响。

需要注意的是：未达账项不是错账、漏账，因此，无须根据调节表做任何账务处理，双方账目仍保持原有的余额，待收到有关凭证之后，再进行正常业务处理。

项目三 农村集体经济组织资产管理

一、农村集体经济组织资产内涵

农村集体经济组织的资产是指，农村集体经济组织过去的交易或者事项形成的、由农村集体经济组织拥有或者控制的、预期会给农村集体经济组织带来经济利益或者承担公益服务功能的资产。农村集体经济组织的资产按照是否具有流动性分为流动资产和非流动资产。

（一）流动资产

流动资产是指在一年内（含一年）或超过一年的一个营业周期内变现、出售或耗用的资产，包括货币资金、短期投资、应收款项、存货、消耗性生物资产等。

1. 货币资金

货币资金是指村集体经济组织运营过程中持有的货币形态的资金，主要包括库存现金与银行存款。

2. 短期投资

短期投资是指村集体经济组织购入的能够随时变现的，并且持有时间不超过一年（含一年）的有价证券及不超过一年（含一年）的其他投资，包括各种股票、债券、基金等。

3. 应收款项

应收款项是指村集体经济组织对单位和个人的各项应收及暂付款项，包括应收账款、应收票据、其他应收款及暂付款项。

4. 存货

存货是指村集体经济组织持有的各种材料和物资，主要包括种子、化肥、燃料、农药、原材料、机械零配件、低值易耗品、在产品（包括农业和工业的在产品）、农产品和工业产成品等。

5. 消耗性生物资产

农村集体经济组织的消耗性生物资产包括生长中的大田作物、蔬菜、用材林，以及存栏待售的牲畜、鱼虾贝类等为出售而持有的、或在将来收获为农产品的生物资产。

（二）非流动资产

非流动资产是指流动资产以外的资产，包括长期投资、生产性生物资产、固定资产、无形资产、公益性生物资产、长期待摊费用等。

1. 长期投资

长期投资指不准备在一年内（不含一年）变现的有价证券等投资，包括股票投资、债券投资和村集体经济组织创办企业等投资。

2. 固定资产

固定资产指使用时间超过一年的、单位价值达到一定标准的非货币性资产，包括房屋、建筑物、机器、机械、运输工具，以及其他与生产经营活动有关的设备、器具、工具等。村集体经济组织的房屋、建筑物、机器、设备、工具、器具和农业基本建设设施等劳动资料，凡使用年限在一年以上，单位价值在规定标准以上的列为固定资产。有些主要生产工具和设备，单位价值虽低于规定标准，但使用年限在一年以上的，也可列为固定资产。

3. 生产性生物资产

生产性生物资产包括经济林、薪炭林、产役畜等为产出农产品、提供劳务或出租等目的而持有的生物资产。

4. 无形资产

无形资产指企业长期使用的没有实物形态的资产，包括村集体投资产生的知识产权商标、商号、专利权、原产地标识、农产品质量认证等。

5. 公益性生物资产

公益性生物资产包括防风固沙林、水土保持林和水源涵养林等以防护、环境保护为主要目的的生物资产。

二、农村集体经济组织资产管理制度

（一）资产清查制度

定期进行资产清查，重点清查核实集体经济组织所有的资产、负债和所有者权益，做到账实、账款相符。

（二）资产台账制度

对于集体所有的房屋、建筑物、机器、设备、工具、器具和农业基本建设设施等固定资产，要按资产的类别建立固定资产台账，及时记录资产增减变动情况。资产台账的内容主要包括资产的名称、类别、数量、单位、购建时间、预计使用年限、原始价值、折旧额、净值等；实行承包、租赁经营的，还应当登记承包、租赁单位（人员）名称，承包费或租赁金及承包、租赁期限等；已出让或报废的，应当及时核销。

（三）资产评估制度

集体经济组织以招投标方式承包、租赁、出让集体资产，以参股、联营、合作方式经营集体资产，实行产权制度改革、产权合并或者分设等，应当进行资产评估。评估由农村经营管理部门或具有资质的单位实施，评估结果要按权属关系经集体经济组织成员大会或成员代表会议确认。

（四）资产承包、租赁、出让制度

集体资产实行承包、租赁、出让经营应当制定相关方案，明确资产的名称、数量、用途、承包、租赁、出让的条件及价格，是否招投标等事项；同时履行民主程序。集体资产承包、租赁、出让经营时，应当签订经济合同，明确双方的权利、义务、违约责任等，并向全体成员公开。经济合同及有关资料应当及时归档并报乡（镇）农村经营管理站备案。

（五）资产经营制度

集体资产实行承包、租赁、出让经营的，要加强合同履行的监督检查，公开合同履行情况；收取的承包费和租赁金归集体经济组织所有，纳入账内核算。集体经济组织统一经营的资产，要明确经营管理责任人的责任和经营目标，确定决策机制、管理机制和收益分配机制，并向全体成员公开。集体经济组织实行股份制或者股份合作制经营的，其股份收益归集体经济组织所有，纳入账内核算。要定期对集体资产的使用、维护和收益进行检查，确保集体资产的安全和保值增值。

三、农村集体经济组织资产的管理

（一）农村集体经济组织应收款项管理

应收款是农村集体经济组织的一项债权资产。应收款的形成主要有两类：一是外部应收款，即村集体经济组织与外单位和外部个人所发生的各种应收和暂付款项；二是内部应收款，即村集体经济组织由于经济往来和其他活动与其所属单位和农户个人所发生的应收和暂付款项。

应收款项占用会发生两项成本，即管理成本和坏账成本。村集体经济组织财务对应收款的核算费用、收账费用及其他费用构成管理成本；应收款无法收回而发生的资产损失形成坏账成本。因此，村集体经济组织应加强对应收款的管理，合理确定应收款的数额及回收时间，采取切实可行的措施积极催收，以避免坏账的发生。

农村集体经济组织财务要做好应收款的日常管理工作，及时发现问题，采取措施进行处理。具体包括以下工作：

1. 应收款管理的日常核算工作

设置应收款总账和明细分类账，核算记录与所有客户的往来款项数额及其增减变动情况。同时，详细掌握欠款人的完整信息，包括欠款人名称、单位住址、联系方式、合同、应收款余额、信用期限、付款时间、记录账页、经办人员等。

应收款形成前，村集体经济组织应通过对客户信用状况的调查，正确客观评价客户的信用等级，制定出合理的信用标准，预防坏账成本的发生。

2. 应收款账龄的分析工作

村集体经济组织已发生的应收款的时间有长有短，对于已经超过信用期限的应收款要特别关注。一般来说，逾期的时间越长，款项催收越困难，形成坏账的可能性越大。因此，村财务应定期对应收款账龄进行分析，密切注意应收款的回收情况，以加强应收款的监督和控制。

3. 应收款的催收工作

应收款发生后，村集体经济组织应采取各种措施，尽量争取按期收回款项，否则会因款项拖欠时间过长而发生坏账，给村集体经济造成损失。

村集体经济组织对拖欠的应收款要采取切实可行的措施积极催收。针对不同信用品质的客户和不同拖欠时间的账款，应采用不同的收账方法，制定出经济可行的收账措施。对一般的欠款，要积极催收；对村民无力偿还的欠款，确需减免的要进行公示；对恶意欠款的，可借助行政和司法等手段清收。

一般来说，应从收账费用最小的方法开始，逐步增加收账费用，即从信函通知、电信催收到派人面谈，直至提请诉讼。

4. 坏账准备金的建立工作

无论采取怎样严格的应收款管理措施，坏账的发生都是无法避免的。一般来说，坏账分为两种：一是因债务人破产或者死亡，以其破产财产或者遗产清偿后，仍然不能全部收回的应收款；二是债务人逾期未履行偿债义务超过三年仍然不能收回的应收款。

为了适应市场经济的需要，增强村集体经济组织的风险意识，应遵循谨慎性原则，建立坏账准备。对债务单位撤销，确实无法追还；或债务人死亡，既无遗产可以清偿，又无义务承担人，从而确实无法收回的款项，按规定程序批准核销后，计入其他支出。由有关责任人造成的损失，应酌情由其赔偿。任何人不得擅自决定应收款的核销。

（二）存货管理

存货是村集体经济组织生产经营活动和社会管理活动中不可缺少的物资保障。存货品种繁多，流动性较强，有些容易过期、变质、损毁和丢失，因此村集体经济组织应加强对存货的物资管理，保证其安全完整和有效利用。另外，存货占用会发生购置成本、储存成本和缺货成本等相关成本，因此还应加强对存货的采购管理，合理确定存货的采购批量，以有效降低其占用成本。

1. 存货的计价

存货按照下列原则计价：

购入的物资，按照"买价＋运输费、装卸费等费用＋运输途中的合理损耗＋相关税金等"计价。

生产入库的农产品和工业产成品，按生产过程中发生的实际支出计价。

领用或出售的出库存货，可在"先进先出法""加权平均法""个别计价法"等方法中任选一种核算。核算方法一经选定，不得随意变动。

2. 存货收发存的管理

村集体经济组织应当建立健全存货内部控制制度，建立保管人员岗位责任制。

（1）存货入库的管理

检查验收：到货后，验收人员应立即根据凭证所列的品种、规格、数量、质量等项目，严格进行检查和验收，然后填写验收单。

入库：仓库保管员在核对无误的基础上，填写入库单，一联留存仓库，一联随同存货的其他凭证送交财会部门报账。保管员根据入库单清点验收入库。

（2）存货库存的管理

产品物资入库后，要根据其性质、体积和贮藏要求，实行分类保管、集中存放，防止混杂，避免变质。

要建立材料定量存储、包干使用、定额领用等责任制，防止不合理储备和积压。

（3）存货出库的管理

出库时，由会计填写出库单，主管负责人批准，领用人签名盖章，保管员根据出库单出库。具体做法是：

领用存货，必须填写领料单，并经有关负责人审批，然后出库。会计人员根据领料单记账核算。

出售存货，先要经有关负责人审批，然后由会计人员开具凭证（发票），再经保管人员签字后方可出库。

借用存货，必须经主管领导审批，并办理借用手续后方可出库。会计人员根据借用手续记账。

3. 存货清查的管理

村集体经济组织应制定存货盘点制度，对存货要定期盘点和定期对账，做到账实相符，这是保证存货安全完整的有效方法。通过盘点和对账，可以了解存货实物与账簿记录的信息是否相符，及时发现存货管理中存在的问题。在正常情况下，年度终了前，村集体对存货必须进行一次全面的盘点清查。

对盘盈、盘亏、毁损及报废的存货，应当及时查明原因，区分情况进行不同处理。盘盈的存货，按同类或类似存货的市场价格计入其他收入；盘亏、毁损和报废的存货，按规定程序获得批准后，按实际成本扣除应由责任人或者保险公司赔偿的金额和残料价值后的余额，计入其他支出。

（三）固定资产管理

1. 建立健全固定资产日常管理规章制度

建立固定资产的使用与保管制度；建立固定资产账目和卡片；建立固定资产增减变动、转移交接、报废清理、定期盘点制度及必要的奖惩制度，做到层层负责任、物物有人管，以保证农村集体经济组织固定资产的使用安全、完整、有效。

2. 加强对固定资产增减变动的管理

农村集体经济组织固定资产增加的途径主要有购入、自行建造、投资者投入、融资租赁、接受捐赠、盘盈等。固定资产减少的原因主要包括对外投资、出售、报废、盘亏等。增减途径不一样，管理上也各有侧重。

（1）对固定资产增加的管理

对于购置新的固定资产，必须编制购置计划，按照规定的审批程序报批，获得批准后方可购置。购置大额的固定资产，要经村集体经济组织成员大会或成员代表大会讨论通过。

（2）对固定资产减少的管理

对于对外投资的固定资产，要合理确定投资价值，按规定程序获批后，办理好投资手续。

对于固定资产的出售，应合理作价，按规定办理审批手续。其中，大中型固定资产的出售要报乡（镇）业务主管机构审查，经村集体经济组织成员大会或成员代表大会讨论决定。对批准出售的固定资产，要与卖方办好契约和财务手续，及时回收款项，避免资产流失。

对于固定资产的报废，应查明原因，按规定办理报废手续。其中，大中型固定资产的报废应报乡（镇）农村经营管理站审查，经村集体经济组织成员大会或成员代表大会讨论通过。如属于使用不当或其他非正常原因造成的报废，应追究有关人员的责任。财会人员应根据报废手续正确处理好账务，及时收取残值。

对于盘亏的固定资产，应填制固定资产盘亏报告表，并查明原因，经批准后计入其他支出。盘亏数额较大的，还需要经过村集体经济组织成员大会或成员代表大会批准。盘亏如果出于个人责任，应酌情由个人赔偿。

对于固定资产发包及出租的管理。农村集体经济组织的固定资产发包或出租给单位或个人经管的，承包或租赁双方一定要签订合同，合同需要明确以下几点：承包和租赁期限；承包金、租金的支付方式；承包和租赁后如需改建，改建和扩建部分财产如何处理；使用、维护和管理要求；违约责任；等等。另外，农村集体经济组织应对发包或出租的固定资产提取折旧，确定的承包金、租金不得低于承包期、租赁期内提取的折旧数额。对承包者或租赁者不按合同规定使用固定资产，或无正当理由不及时向农村集体经济组织交纳应上交的承包金或租金的,农村集体经济组织应向其收取违约金,或经农业承包合同管理机关裁定,将固定资产收回。对承包或租赁者损坏的固定资产要及时修复,修复费用由承包或租赁者支付;不能修复的要按质论价,由承包或租赁者赔偿。

(3) 按财务制度规定计提固定资产折旧

固定资产折旧的准确计提对于保证固定资产的顺利更新、充分发挥固定资产的使用效率意义重大。因此,固定资产折旧的计提是固定资产日常管理中非常重要的一项内容。农村集体经济组织应该结合自身的管理需求,在固定资产使用寿命内,选择合适的折旧方法,按期对固定资产计提折旧。需要注意的是,固定资产折旧方法一经确定,不得随意变更。固定资产应当按月计提折旧,并根据其用途计入相关资产的成本或者当期损益。

项目四 农村集体经济组织资源管理

一、农村集体经济组织资源内涵

农村集体经济组织资源是指农村集体经济组织拥有的财力、物力和人力等各种要素的总和，包括有形资源和无形资源。

有形资源包括建设用地、耕地、林地、草地、荒地、水面等自然资源。

具体分三类：

一类是农用地，包括耕地、林地、水面等；

二类是建设用地，包括居民宅基地、村办公用地、公益单位用地、乡村交通用地等；

三类是未利用土地，包括荒山、荒坡、荒地、荒滩等。

无形资源包括政策资源、驻地单位资源（区位资源）和乡村民俗及乡村文化资源等。

二、农村集体经济组织资源管理制度

（一）资源登记簿制度

对于法律规定属于农村集体经济组织所有的耕地、林地、草地、荒地、滩涂等资源，应当建立资源登记簿，逐项记录。资源登记簿的主要内容包括：资源的名称、类别、位置、面积等。实行承包、租赁经营的集体资源，还应当登记资源承包、租赁单位（个人）的名称、地址，承包、租赁资源的用途，承包费或租赁金，发包和出租的期限和起止日期等。农村集体建设用地的出租和使用权出让等事项，要重点记录。

（二）公开协商和招投标制度

农村集体经济组织所有且没有被家庭承包的荒山、荒沟、荒丘、荒滩及果园、养殖水面等资源的承包、租赁，应当采取公开协商或者招投标的方式进行。以公开协商方式承包、租赁集体资源的，承包费、租赁金由双方议定。以招标投标方式承包、租赁集体资源的，承包费、租赁金应当通过公开竞标、竞价确定。招标应当确定方案，载明招标人的名称和地址，明确项目的名称、数量、用途、期限、标底等内容；招标方案的确定必须履行民主程序。在招标中，同等条件下，本集体经济组织成员享有优先中标权。招投标方案、招标公告、招标合同和相关资料应当报乡（镇）农村经营管理站备案。

（三）资源承包、租赁合同管理制度

农村集体资源的承包、租赁应当签订书面协议，统一编号，实行合同管理。合同应当使用统一文本，明确双方的权利、义务、违约责任等。上交的收入归集体经济组织所有，纳入账内核算并定期公开。经济合同及有关资料应及时归档并报乡（镇）农村经营管理站备案。

（四）集体建设用地收益专项管理制度

农村集体建设用地收益是集体资产的重要组成部分，其收益归农村集体经济组织所有，主要用于发展生产、增加集体积累、提高集体福利、兴办公益事业等提高生产水平、改善农民生产生活条件等方面，不得用于发放干部报酬、支付招待费用等非生产性开支。农村集体建设用地收益要纳入账内核算，严格实行专户存储、专账管理、专款专用、专项审计监督。

三、农村集体经济组织资源管理

（一）农村集体经济组织承包土地的管理

农村土地是指农民集体所有和国家所有依法由农民集体使用的耕地、林地、草地，以及其他依法用于农业的土地。在我国，农村土地实行承包经营制度。承包土地的管理包括农村土地承包合同管理、农村土地承包纠纷调解与仲裁、农村土地承包经营权流转、农村土地承包经营权证管理等。

（二）农村集体经济组织资源的招投标管理

1. 资源招标管理

处置出让农村集体资源项目达到规定标准的，必须统一进入乡镇公共资源交易中心进行交易。农村集体经济组织必须向乡镇公共资源交易中心申报资源经营处置出让情况，包括资源名称、资产规模、村民代表大会决定〔三分之二以上村（居）民代表讨论通过〕等。

农村集体资源项目交易应遵循简易、便民、快捷、高效、廉洁的原则。

资源项目交易处置一般采用现场公开竞价方式进行。资源项目处置工作流程分为以下几个步骤：

（1）资产资源处置项目交易登记

出让人向乡镇公共资源交易管理办公室提交《资产资源处置项目交易登记表》，并附村"两委"资源处置相关资料。

（2）发布处置信息

资源处置公告至少应在乡镇公共资源交易中心公告栏和村委会村务公开栏发布，发布时间不得少于5天。自公告发布之日起到公开竞价的时间不得少于7天。

(3) 竞买人报名并缴纳保证金

竞买人在乡镇公共资源交易中心报名竞标。竞买保证金缴入乡镇公共资源交易中心专用账户，一般应为标的额度的20%，最低不得少于10%。

(4) 公开竞价

公开竞价由村委会或其委托的拍卖人主持，在乡镇公共资源交易中心举行。竞买人必须有2人以上才可进行公开竞价，最高应价者为竞价成交人。

(5) 签订成交确认书

村委会与竞价成交人签订成交确认书。退还未成交竞价人的竞买保证金，竞价成交人竞买保证金转为定金或抵作成交价款。

(6) 签订成交合同

村委会与竞价成交人签订合同，并报乡镇公共资源交易中心备案。

2. 资源投标管理

竞价人应是具备民事行为能力及一定经济实力的法人和自然人。竞价人之间、竞价人与出让人之间不得恶意串通，给农村集体经济组织和他人造成损害。

3. 资源开标管理

乡镇公共资源交易中心按照处置公告公布的时间、地点举行开标会议，会议受村集体经济组织的委托由乡镇公共资源交易中心负责主持，邀请相关部门监督人员到场监督；出让单位要求司法部门当场鉴证的，应邀请司法部门人员到场鉴证。同时，还可以请农村集体经济组织成员代表、民主监督小组人员参加。整个会议过程、参加人员、时间、内容等都应如实记录。

政策导航

党的十八届三中全会决定提出："建立城乡统一的建设用地市场。在符合规划和用途管制前提下，允许农村集体经营性建设用地出让、租赁、入股，实行与国有土地同等入市、同权同价。"这明确了农村集体经营性建设用地入市的改革方向和目标。在总结农村土地征收、集体经营性建设用地入市、宅基地制度改革试点成果的基础上，2019年8月，新修改的《中华人民共和国土地管理法》（以下简称《土地管理法》）正式确立了农村集体建设用地入市制度。

一、农村集体经营性建设用地的内涵

根据《土地管理法》第六十三条规定，集体经营性建设用地是指土地利用总体规划、城乡规划确定为工业、商业等经营性用途，并经依法登记的农村集体建设用地。农村建设用地主要分为乡（镇）村公共设施、公益事业建设用地，集体经营性建设用地，村民宅基地，而入市的只能是集体经营性建设用地。

根据《不动产登记暂行条例实施细则》第四十四条规定，依法取得集体建设用地使用权，可以单独申请集体建设用地使用权登记。依法利用集体建设用地兴办企业，建设公共设施，从事公益事业等的，可以申请集体建设用地使用权及地上建筑物、构筑物所有权登记。

二、农村集体经营性建设用地入市的法律规定

《土地管理法》规定，土地利用总体规划、城乡规划确定为工业、商业等经营用途，并经依法登记的集体经营性建设用地，经本集体经济组织成员的村民会议三分之二以上成员或者三分之二以上村民代表的同意，土地所有权人可以通过出让、出租等方式交由单位或者个人使用，并应当签订书面合同，载明土地界址、面积、动工期限、使用期限、土地用途、规划条件和双方其他权利义务。通过出让等方式取得的集体经营性建设用地使用权可以转让、互换、出资、赠与或者抵押，但法律、行政法规另有规定或者土地所有权人、土地使用权人签订的书面合同另有约定的除外。集体经营性建设用地的出租，集体建设用地使用权的出让及其最高年限、转让、互换、出资、赠与、抵押等，参照同类用途的国有建设用地执行。

三、推进农村集体经营性建设用地入市的要求

1. 把握审慎稳妥推进的基本原则

农村集体经营性建设用地入市要严守土地公有制性质不改变、耕地红线不突破、农民利益不受损的底线。要完善集体土地所有权实现形式，保证农民集体所得收益的长期性和稳定性。要实行统一国土空间用途管制，落实生态保护红线、永久基本农田、城镇开发边界等空间管控要求。要坚持节约集约用地，坚持先规划后建设，优先盘活使用空闲、废弃和低效利用的存量集体用地；严格控制增量农村集体经营性建设用地，合理布局各用途土地，落实公共服务均等化要求。要坚持同地同权同责，落实农村集体经营性建设用地与国有建设用地同等入市、同权同价，在城乡统一的建设用地市场中交易，适用相同规则，接受市场监管。

2. 健全集体经营性建设用地入市政策体系

自然资源部要会同农业农村部等部门制定有关稳妥有序推进农村集体经营性建设用地入市工作的政策性文件，为开展农村集体经营性建设用地入市工作提供具体指导。各地要贯彻落实新《土地管理法》有关要求，按照同权同价同责同等进入城乡统一建设市场的原则，针对依法登记的，国土空间规划确定工业、商业、旅游、娱乐等经营用途的集体土地入市，积极推进相关配套政策的制定。

3. 建立集体经营性建设用地入市制度

积极制定和实施农村集体经营性建设用地入市制度。在农村集体经营性建设用地入市前，土地所属村（组）集体应完成农村集体经济组织登记赋码程序，并由该集体

经济组织作为入市主体组织实施入市，或者委托其具有法人资格的组织依据授权委托代理实施入市。按照国家统一部署，在符合国土空间规划、用途管制和依法取得前提下，允许农村集体经营性建设用地入市，允许就地入市或异地调整入市；允许村集体在农民自愿前提下，依法把有偿收回的闲置宅基地、废弃的集体公益性建设用地转变为集体经营性建设用地入市；推进集体经营性建设用地使用权和地上建筑物所有权房地一体、分割转让，推动集体经营性建设用地使用权等依法合规抵押。健全集体经济组织内部的增值收益分配制度，保障进城落户农民土地合法权益。

四、深化农村集体经营性建设用地入市试点

2022年9月6日，中共中央全面深化改革委员会第二十七次会议审议通过《关于深化农村集体经营性建设用地入市试点工作的指导意见》。2023年"中央一号文件"要求，深化农村集体经营性建设用地入市试点，探索建立兼顾国家、农村集体经济组织和农民利益的土地增值收益有效调节机制。3月1日，自然资源部开展深化农村集体经营性建设用地入市试点工作视频培训，深入学习贯彻党中央、国务院关于深化农村集体经营性建设用地入市试点工作总体部署，准确把握重点任务，明确工作要求，正式启动试点工作。会议提出，审慎稳妥推进入市试点工作要做到"二三二"：要抓住"两项前置条件"，加快完成国土空间规划编制特别是实用性村庄规划，完成集体土地所有权和使用权确权登记；要紧盯"三项负面清单"，不能通过农用地转为新增建设用地入市，不能把农民的宅基地纳入入市范围，符合入市条件的土地不能搞商品房开发；要探索"两项重点机制"，即兼顾国家、集体和农民个人的入市土地增值收益调节机制，保护农民集体和个人权益、保障市场主体愿用会用入市土地的权益保护机制。

模块五　农村集体经济组织筹资、投资、收入、费用及收益分配的管理

学习目标

1. 了解农村集体经济组织筹资、投资、收入等的概念及原则；
2. 熟悉农村集体经济组织筹资渠道及方式；
3. 掌握农村集体经济组织投资的概念、特征及分类。

案例导学

展小庄村173户村民喜领"红包"176万元

济南市平阴县孝直镇展小庄村人口655人，耕地1 800多亩，2018年前村集体收入不足20 000元。为了增加群众收入，发展集体经济，2017年6月，村集体成立了种植专业合作社。2018年10月，适逢济南优然牧业落户孝直，给当地村庄的发展带来了机遇。在村"两委"组织带动下，全村1 840亩土地全部流转给牧业公司，村民从土地中解放了出来。村党支部与优然牧业主动对接，通过村合作社输送劳力到牧业公司就业，每年通过牧场务工，村民收入200多万元。为进一步服务好农业龙头项目，拓宽村集体和村民增收渠道，村集体筹集资金500万元成立了济南富村建筑工程有限公司，投资购买了叉车、打药车等设备，为优然牧业提供装卸、青贮、压窖、病虫害防治等各项服务。一年下来，村集体增加收入180万元，实现了村企共赢。2018年和2019年，村集体连续两年收入突破200万元。

2019年底，村集体分红，共发放现金176万元，主要由土地流转股份分红和集体土地流转分红组成。其中，土地流转分红每亩1 100元，集体土地流转分红每人240元。这次，户均分红近1万元。农民收入实现了由原来单纯种地"一份钱"向地租钱、打工钱、分红钱"三份钱"的转变。

项目一　农村集体经济组织筹资

一、农村集体经济组织筹资内涵

资金筹集是农村集体经济组织财务活动的起点，也是农村集体经济组织生产、发展的前提。俗话说，"巧妇难为无米之炊"。没有资金，农村集体经济组织将难以生存，更谈不上发展。

农村集体经济组织筹资是指，农村集体经济组织筹措、集聚其自身建设和生产经营所需要的资金。

二、农村集体经济组织筹资原则

（一）合法性原则

农村集体经济组织必须遵守国家有关法律法规进行筹资，不准搞非法筹资，更不能搞摊派来加重农民负担。

（二）规模适当原则

农村集体经济组织不论通过什么渠道、采取什么方式筹集资金，都应考虑经济发展的需要量。筹集的资金都是有偿的，不是越多越好，应当有一个合理的界限。筹资过多，会增加筹资费用；筹资不足，会影响资金供应。

（三）结构合理原则

农村集体经济组织自有资金和借入资金、长期资金和短期资金的比例应当合适，应保持适当的偿债能力，以降低筹资风险和筹资成本。

（四）及时性原则

农村集体经济组织应当合理安排资金的筹集时间。因为资金具有时间价值，筹资过早，会造成资金闲置，增加资金成本；筹资滞后，会错过资金的最佳投放时机。为了保证筹资及时，应制订筹资计划，合理选择筹资时间、筹资渠道和筹资方式。

三、农村集体经济组织筹资方式

农村集体经济组织筹资方式是指农村集体经济组织筹集资金时采取的具体方式，按筹资渠道可分为内部筹资和外部筹资。

（一）内部筹资

内部筹资是指农村集体经济组织通过内部积累、村民集资等方式筹集用于村集体经济组织日常生产经营的资金。内部筹资方式包括：

1. "一事一议"筹资

"一事一议"筹资是指农村集体经济组织为兴办村民受益的生产、公益事业时，按照政策规定，经有关部门批准，向村民筹集专项资金。

农村集体经济组织采用"一事一议"方式筹资的，应当符合有关法律法规和政策要求，遵循量力而行、成员受益、民主决策、上限控制等原则，做到专款专用，确保资金用途的合法性、合理性和有效性。

2. 利用留存利润筹资

利用留存利润筹资是指农村集体经济组织在利润分配过程中，通过提取公积金、公益金和暂留未分配利润等方式，筹集用于自身发展的资金。

(二) 外部筹资

外部筹资是指农村集体经济组织向村集体和本村村民以外的其他方筹集资金，包括向其他单位或个人借款、接受其他单位或个人捐赠、申领国家财政资金等。

1. 申领国家财政资金

国家财政资金是指有权代表国家投资的各级政府部门或者机构对农村集体经济组织投入的资金。农村集体经济组织获得政府财政资金，包括各级政府的直接投资、免息贷款和转移支付性质的财政补贴等，一般都具有使用成本低、优惠力度大、具有政策扶持性等特点，它们是农村集体经济组织重要的资金来源。农村集体经济组织自身积累薄弱，融资和抗风险能力较差，申领国家财政资金可以在很大程度上缓解这些方面的问题。

2. 向银行或者其他金融机构贷款

银行及其他金融机构的各种贷款，是我国目前农村集体经济组织重要的资金来源。可为农村集体经济组织提供信贷资金的金融机构主要有商业银行、农村信用社、政策性银行三类。

3. 向其他企业或者单位融资

农村集体经济组织和其他企业之间的购销业务可以通过商业信用方式来完成，从而形成两者之间的债权债务关系。这种相互之间商业信用的存在，使其他企业资金也成为农村集体经济组织重要的资金来源。

4. 吸引民间闲置资金投资

村民和社会公众的结余资金，可用于对农村集体经济组织的投资。民间闲置资金总体规模庞大，使用灵活，是农村集体经济组织重要的资金来源之一。但这些资金牵涉面广，牵涉主体多，使用不当造成亏损时影响面大，募集时必须谨慎。

项目二 农村集体经济组织投资

一、农村集体经济组织投资内涵

农村集体经济组织投资是指，在一定时期内向一定领域投放足够数额的资金或实物，以求在未来可预见的时期内获得超出投入的收益的经济行为。广义的投资是指农村集体经济组织对内部运营发展的投入和对外部的投资；狭义的投资仅指对外投资。

二、农村集体经济组织投资的特征

（一）预付性

不论是直接投资还是间接投资，投资主体为获得预期收益都需要预先投入资源，待投资形成生产经营能力并发挥效益后，才能从其运营中逐步获得收益和回报。

（二）收益性

投资目的的多样性决定了投资收益的多重性。投资收益可以表现为用货币为计量尺度的财务收益，如村集体经济组织对企业投资所产生的收益；也可以表现为难以用货币尺度进行量化的社会效益，如村集体经济组织对村内外许多公共工程、公益项目投资所产生的村民的幸福感、获得感及村集体的荣誉、声誉、信用等。

（三）长期性

与消费行为的即时性不同，投资在于取得持续的效益和回报，同时具有从资本投入至全部收回通常需要经历较长时间的特性，或者说具有周期性。投资周期由建设周期和运营周期组成，所投入的资本不是被一次性消费，而是能够被重复使用，形成较长的运营使用期。

（四）风险性

风险性指在事先无法预测或虽能预测但难以避免的因素影响下，投资存在的实际收益远低于预期收益乃至收不低投的特性。投资的风险性来源于其预付性和长周期性所带来的未来不确定性。

三、农村集体经济组织投资的分类

（一）短期投资和长期投资

按投资回收期限的长短，可分为短期投资和长期投资。

短期投资是指投资时间不超过一年（含一年）的投资。

长期投资是指投资时间在一年以上的投资，主要指对厂房、机器设备等固定资产的投资，也包括对无形资产和长期有价证券的投资。

(二) 直接投资和间接投资

按投资方式，可分为直接投资和间接投资。

直接投资指投资者将资金直接注入投资项目或购买现有企业的股权。通过直接投资，投资者可以拥有全部或一定数量的企业资产和企业所有权，并可能直接参与投资的经营管理。直接投资包括对现金、工厂、机器设备、交通、通信和土地使用权等各种有形资产的投资，以及对专利、商标和咨询服务等无形资产的投资。

间接投资指投资者通过金融中介购买基金、债券、股票等各种有价证券，也被称为证券投资。间接投资者通常只享有获得回报的权利，并不介入具体的生产经营过程。

(三) 对内投资和对外投资

按投资的方向，可分为对内投资和对外投资。

对内投资又称内部投资，是指把资金投向企业内部，形成各种生产经营用资产的投资。

对外投资是指以现金、实物、无形资产等方式，或以购买股票、债券、基金等有价证券的方式向其他单位的投资。

对内投资主要是直接投资，对外投资主要是间接投资。从理论上讲，对内投资的风险应低于对外投资，对外投资的收益应高于对内投资。

项目三　农村集体经济组织收入、支出

一、农村集体经济组织收入内涵及内容

（一）农村集体经济组织收入

农村集体经济组织收入是指，农村集体经济组织在日常活动中形成的、会导致所有者权益增加的、与成员投入资本无关的经济利益总流入。

（二）农村集体经济组织收入的内容

农村集体经济组织收入来源主要包括：经营收入、发包及上交收入、补助收入、投资收益、"一事一议"筹资收入、乡村公益事业资金收入、其他收入等。其中，投资收益是指农村集体经济组织对外投资获得的收入。"一事一议"筹资收入和乡村公益事业资金收入两项是不可分配收入，不能计入农村集体经济组织的净收益中进行分配。

二、农村集体经济组织收入管理

（一）农村集体经济组织收入管理的内涵

农村集体经济组织收入管理是指农村集体经济组织对自身收入所开展的计划、组织、核实、监督等方面的工作。收入的实现，是农村集体经济发展及成果分配的前提和基础，也是农村集体经济活动的重要环节。所以应当依法依规加强收入管理，做好账务处理。

（二）收入管理的作用

对农村集体经济组织收入进行管理，可以客观真实地反映农村集体经济组织的经营成果，有利于促进其生产经营的发展；能及时地协调各项服务与管理活动，保证经济活动的持续进行，并在此基础上扩大生产规模，促进集体经济不断发展壮大。

保证收入按一定比例在集体和农户之间进行分配，有利于更好地维护集体经济组织和农民群众的经济利益。

（三）收入管理的原则

合法性。村集体必须依法、合理组织收入，收款时必须使用合法票据，严禁无据收款和白条入账；凡属于村集体经营性收入，收款时应出具由税务部门监制的经营性收款收据。

全面性。凡属集体经营收入，包括各类资产、资源发包收益、财政补助资金、土

地租金、土地征用收益、向社会收取的各类捐资赞助款及来自其他方面的各类收入，必须全部纳入村集体会计核算，不得私设小金库。

公开性。村集体经济组织所有但没有被家庭承包的荒山、荒沟、荒丘、荒滩及果园、养殖水面等集体资源的承包、租赁，应当采取公开协商或招投标的方式进行。村集体在实施招投标活动的过程中，要有一定数额的村民代表或村务监督委员会成员参与全程监督。资源承包、租赁的收入归村集体所有，纳入村会计核算并定期公开。

（四）农村集体经济组织收入管理要求

1. 做好收入管理的预算

为了保证收入目标的实现及有计划地组织收入，保证农村生产经营和管理服务工作的顺利开展，农村集体经济组织应在年初编制各项收入预算。收入预算要根据农村生产经营和管理活动的实际，分项目编制。

2. 划清收入的性质与界限

（1）划清可分配收入与不可分配收入的界限

收入反映了农村集体经济组织从事各项经营和管理活动的经济总流入，包括可用于分配的收入和不可用于分配的收入。其中经营收入可以用来补偿当年费用支出，并可进行收益分配，而集体福利事业收入及由特殊渠道形成的公积金等，不能列为当年收入参加分配。所以，应在加强收入管理的同时，严格划清公共积累、资本与经营收入的界限，以有利于内部发展的原则实行管理。

（2）划清各项收入之间的界限

农村集体经济组织各项收入来源于不同的渠道，分别有自己特定的内容，收入方式等也有很大不同。所以，在农村集体经济组织开展收入管理的过程中，必须认真划清各项收入之间的界限，分类管理，便于正确组织核算。

（五）确认收入和计价

1. 收入的确认

农村集体经济组织收入的确认应采用权责发生制原则。对于经营收入，一般于产品物资已经发出、劳务已经提供，同时已收讫价款或取得收取价款的重要凭据时，确认收入的实现；对于发包及上交收入，应在已收讫农户、承包单位上交的承包金及村办企业上交的利润或取得收取款项的重要凭据时，确认收入的实现；补助款收入应在实际收到上级有关部门的补助款或取得有关款项的收款凭证时，确认收入的实现；其他收入，应以其实际发生额于实际收讫款项时，确认收入的实现。对应收未收款项，按权责发生制原则，应于年终前确认应收未收部分款项的实现。征地补偿款等收入不能列入当年收入；预收的土地承包款和租赁金，应逐年进行分摊，不得全部列入当年收入。

2. 收入的计价

凡是对外销售的产品，按实际销售收入计算收入；对于劳务、运输、生产服务等，按实际结算金额计算收入。在计算其他收入时，对盘盈的固定资产按同类或类似固定资产的市场价格减去按该项资产的新旧程度估计的价值损耗后的余额计价，对盘盈的产品物资按同类产品物资的市场价格计价。

（六）统一收入票据

已开具的收入票据是重要的原始凭证，收入票据管理是收入管理的基础环节。农村集体经济组织应根据《中华人民共和国票据法》（以下简称《票据法》）和当地集体资产管理办法等有关规定，统一收入票据样式，按规定领用、按要求开具，建立健全票据管理制度，配备必要的人员专管，切实加强管理。

三、农村集体经济组织费用管理

（一）农村集体经济组织费用的内涵

农村集体经济组织费用是指，农村集体经济组织在日常活动中发生的、会导致所有者权益减少的、与向成员分配无关的经济利益的总流出，包括经营支出、税金及附加、管理费用（含运转支出）、公益支出、其他支出等。农村集体经济组织费用一般应当在发生时按照其发生额计入当期损益。

经营支出是指，农村集体经济组织因销售商品、提供劳务、让渡集体资产资源使用权等经营活动而发生的实际支出，包括销售商品的成本、对外提供劳务的成本、维修费、运输费、保险费、生产性生物资产的管护饲养费用及其成本摊销、出租固定资产或无形资产的折旧或摊销等。

税金及附加是指，农村集体经济组织从事生产经营活动时按照税法的有关规定应负担的消费税、城市维护建设税、资源税、房产税、城镇土地使用税、车船税、印花税、教育费附加及地方教育附加等相关税费。

管理费用是指，农村集体经济组织因为经营管理活动而发生的各项支出，包括管理人员的工资、办公费、差旅费、管理用固定资产折旧费、维修费等。

其他支出是指，不属于经营支出和管理费用以外的其他各项支出，包括固定资产及产品物资的盘亏损失、固定资产清理净损失、利息支出、防汛抢险支出、坏账损失、罚款支出，以及转让无形资产摊余价值等。

（二）费用管理的意义

农村集体经济组织费用的发生使得经济利益流出集体经济组织，直接影响到集体经济组织收益的增减和集体积累的增减。因此，必须做好费用管理工作，控制和节约费用。

1. 加强费用管理是提高农村集体经济组织经济效益的关键

费用是收益的抵减项目，在可供分配的收入一定的条件下，费用越低，收益就越大；反之，费用越高，收益就越小。因此，加强费用管理，能够使农村集体经济组织按计划控制费用的发生，降低在生产经营和管理服务活动过程中的盲目性，加强经济核算，通过增收节支不断降低消耗，以最少的消耗取得最大的盈利，从而提高经济效益。

2. 加强费用管理是明确经济责任、提高管理水平的重要手段

农村集体经济组织加强其费用的管理，能够及时发现农村集体经济组织在生产经营和管理服务中的薄弱环节，以便及时采取措施纠正、明确经济责任，从而提高农村集体经济组织经营管理水平。

（三）费用管理的要求

1. 科学合理地制定成本费用预算

费用预算应在每年年初根据当年的收入计划来编制。在编制费用预算时，要坚持量入为出的原则，对生产经营性支出，要兼顾需要与可能，最大限度地保证生产经营投入的需要；对于管理费用等非生产性开支，要实行总量控制，不得超支；对于其他支出，应增强预见性，杜绝将不合理开支列入其中。

2. 明确费用的界限

（1）明确生产经营费用与专项资金支出、资本性支出的界限

区分生产经营费用与专项资金支出、资本性支出的目的，在于正确地计算农村集体经济组织的当期损益。凡农村集体经济组织当年用于集体统一经营项目和为生产经营提供服务的各项开支，都属于生产经营费用；这些费用在年终收益分配时，要从当年总收入中得到补偿，它与专项资金支出、资本性支出的性质不同。专项资金支出是指专门用于某种特定用途的开支，如"一事一议"筹资筹劳支出、公益事业支出等；资本性支出是指用于购买或者生产使用年限在一年以上耐用品所需的支出，如为取得固定资产、无形资产发生的各项支出；这些支出各有不同用途，不能相互混淆。

例如，农村集体经济组织为当年生产经营购买的种子、农药、化肥等支出属于生产经营费用支出，购买农机等固定资产和无形资产的支出则属于资本性支出。

（2）明确生产性支出与非生产性支出的界限

生产性支出是指在一定时期内组织生产经营活动所发生的费用，非生产性支出是指管理服务所发生的管理费用和其他支出。明确和划分生产性支出和非生产性支出的界限，便于严格控制非生产性支出，考核其预算计划的执行情况，控制非生产性支出在总支出中所占的比重，以最大限度保障生产费用。

(3) 明确各项费用支出的年度界限

为考核各年度费用支出计划的执行情况，如实反映财务状况和经营成果，保证年度费用水平和收益分配不受影响，必须明确各项费用支出的年度界限。凡属于当年的费用支出应由当年负担，严禁转入下年或把属于下年负担的费用支出在当年摊销。

(4) 明确各项支出与收益分配之间的界限

为保障集体积累和发展的需要，年终进行收益分配时，必须明确各项支出与收益分配之间的界限，所提取的公积金、公益金、应付福利费等属于对当年收益的分配，不是费用支出。

3. 严格执行开支审批制度

要规范村级财务管理。村级财务支出一般由村党组织书记、村民委员会主任和村经济合作社社长联审联签。数额巨大的财务支出事项，应经村务监督委员会审查。

对手续不完备或不符合规定的开支，财会人员有权拒付。

4. 接受群众监督

要全面实行民主理财和村财务公开。村务监督委员会要定期对集体开支的单据进行审核把关，定期公布各项支出，增加财务开支的透明度，防止乱开支、乱花钱、贪污挪用等违法违纪行为。

(四) 经营支出的管理

对农村集体经济组织经营支出的管理，要因地制宜。一般情况下，农村集体经济组织本身直接经营的项目很少，直接经营支出也很少，所以可以不必进行分类核算和管理。如果直接经营的项目规模较大、支出较多，就需要按经营行业和项目分别核算和管理。

(五) 管理费用的管理

农村集体经济组织应重视和加强对管理费用的管理，要按党中央规定，取消村级招待费，压缩各种书报费开支；实行费用预算管理，明确开支标准和开支范围，尽量减少管理费用开支；建立健全严格审批制度，如按权限审批、分级审核等，积极采取措施，堵塞管理中的漏洞，把管理开支压缩到最低限度。

(六) 其他费用支出的管理

其他费用支出项目比较繁杂，容易发生支出数额控制不当、无程序无标准乱开支和不合理开支等漏洞，会影响农村集体经济发展和社会的稳定。因此，要加强对其他费用支出的管理，及时核查，避免各种漏洞的出现。

项目四 农村集体经济组织收益及分配

一、农村集体经济组织收益的构成

农村集体经济组织收益是指农村集体经济组织在一定会计期间内的经营成果。

农村集体经济组织收益总额按照下列公式计算：

收益总额＝经营收益＋其他收入－公益支出－其他支出

其中：经营收益＝经营收入＋投资收益＋补助收入－经营支出－税金及附加－管理费用

净收益是指收益总额减去所得税费用后的净额。

农村集体经济组织各项资金收入中，有些不能作为收益进行分配。如：村公益事业资金收入和"一事一议"筹资收入都是专门用于集体生产生活公益事业的专项资金，应作为公积金和公益金来处理，不能作为可供分配的收入参加当年收益分配。

二、农村集体经济组织收益分配的原则

农村集体经济组织收益分配必须以效益为基础，民主决策、科学分配，保障成员合法权益。

1. 兼顾各方利益关系的原则

在进行农村集体经济组织收益分配时，必须处理好相关各方的利益，这是收益分配的核心问题。首先，农村集体经济组织实现的收益必须依法纳税，纳税后的收益要考虑生产发展和集体福利事业的需要先行分配，然后再在投资者和农户之间进行分配。所以，要特别处理好村集体经济组织与投资者和农户之间的关系，既要考虑发展和壮大村集体经济的需要，又要考虑村集体经济组织、村集体经济组织成员、投资者之间的关系。

2. 充分尊重广大村民民主权利的原则

坚持民主决策。年度收益分配方案要坚持分配与积累并重，充分尊重村集体经济组织成员意见；要统筹兼顾各方利益，规范履行民主程序，收益分配方案、分配方式、公积公益金提取比例都要按程序经村集体经济组织成员（代表）大会讨论确定，并主动向村集体经济组织成员公示公开。

3. 兼顾积累和消费的比例关系的原则

积累的目的是扩大再生产，而发展生产是为了进一步满足消费的需要，两者既有

矛盾性，又有统一性。如果积累的比例过大，就会影响群众的生活水平，不利于调动他们的生产积极性，进而影响生产的发展；如果消费比例过大，又会影响生产经营的资金积累和投入，延缓生产经营的发展速度，最终影响村民收入水平的进一步提高。因此，在对农村集体经济组织的收益进行分配时，要正确处理好积累和消费的比例关系，严格执行国家的有关规定，因地制宜，既考虑到当前的现实需求，又着眼于未来，保证农民消费、集体扩大再生产和发展公益事业的需要。

三、收益分配的顺序

年终收益分配前，农村集体经济组织应当清查资产，清理债权、债务，准确核算年度收入、支出、可分配收益。农村集体经济组织当年可供分配的收益总额，由本年度实现的收益总额加上年初未分配收益构成。

当年可供分配的收益总额＝本年收益总额＋年初未分配收益

农村集体经济组织可分配收益按以下顺序进行分配：

第一，弥补以前年度亏损。

第二，按组织章程确定的计提比例提取公积公益金。公积公益金主要用于发展生产、转增资本、弥补本年度亏损和发展集体公益事业。

第三，向成员分配收益。村集体经济组织当年收益归全体成员所有，在缴纳国家税金、提取公共积累后，经全体成员同意，可按股权设置方案进行分配。

第四，其他分配。

政策导航

关于引导农村集体经济组织进一步规范收益分配的通知
鲁农政改字〔2020〕5号

各市党委组织部，市农业农村局、财政局、民政局：

为深入贯彻落实中共山东省委、山东省人民政府《关于稳步推进农村集体产权制度改革的意见》（鲁发〔2017〕40号），引导改革后成立的农村集体经济组织健全完善收益分配制度，规范收益分配行为，切实保障农民集体资产收益权，推动村级集体经济健康发展和农民群众持续增收，现将有关事项通知如下。

一、收益分配范围

农村集体经济组织可分配收益，是指在一个会计年度内，经营收入、发包及上交收入、投资收益、补助收入、其他按规定可以纳入收益分配的收入，扣除当年的经营管理成本等各项支出后剩余的部分，再加上年初未分配收益。一次性或集中收取的集体资产承包、出租等收入，须分摊到各个受益年度，不宜一次性分配。征地补偿费、集体经济发展留用地补偿资金和集体经营性建设用地入市收益等收入，按照有关规定分配和使用。村集体经济组织的管理人员工资（补贴）、办公费、差旅费、管理用固定资产折旧费和维修费等作为管理费用核算。

二、收益分配原则

1. 坚持民主决策。年度收益分配方案要坚持分配与积累并重，充分尊重农民群众的意见；要统筹兼顾各方利益，规范履行民主程序，主动向集体经济组织成员公示公开。

2. 坚持效益优先。依据当年村集体经济组织取得的净收入，确定分配额度和比例。参照先进地区做法，可分配收益不足10万元或户均可分配收益不足200元的，经集体经济组织成员同意，可以不向成员进行收益分配，主要用于集体公共积累和发展集体经济。收益较多年份应控制分配额度，并结转下年使用，实行"以丰补欠"。

3. 坚持同股同权。严格执行村集体经济组织章程中有关收益分配的约定，按照农户享有的股份份额进行年度收益分配，实行同股同权、同股同利。

4. 坚守底线红线。严禁私分集体资产，严禁举债分配、亏空分配、清空分配，严禁因区划调整、班子换届等因素搞突击分红。年度亏损未弥补前经研究可暂不向成员进行收益分配。

三、收益分配内容

村集体经济组织当年可分配收益、一次性收入均摊到当年的收益及集体股分红收入中可分配部分，应按照"提取公积公益金—提取福利费—向投资者分配—向成员分配—其他分配"的顺序进行分配。

1. 提取公积公益金。公积公益金主要用于发展生产、转增资本、弥补亏损和集体公益事业，优先用于发展前景好、辐射带动强的产业项目，兴建农民集体受益的福利性设施设备。可分配收益未达到村集体经济组织设定的最低分配限额的，可以全部转为公积公益金；可分配收益较多的，公积公益金提取比例和数额由各村集体经济组织成员（代表）会议民主确定，一般不超过30%。

2. 提取福利费。福利费主要用于集体福利、文教、卫生、五保户、困难户、农民因公伤亡的医疗费及抚恤金等日常福利方面的支出。福利费坚持先提后用的原则，严格限制在提取数额内，不宜直接用于减免水电费、物业费等应由成员个人支付的生活性费用，引导农民群众提高节约意识。

3. 向投资者分配。按照出资合同、协议和章程的规定，分配给投资者收益。

4. 向成员分配。村集体经济组织当年收益归全体成员所有，在缴纳国家税金、提取公共积累后，经全体成员同意，可按股权设置方案（含成员股和集体股等各种股份）进行分配。

5. 其他分配。其他收益分配是指上述分配未包括的事项，可以用于对农户投资建设的公共农业设施、发展村集体号召的主导产业进行补贴，对村级集体经济有突出贡献的人员进行奖励等。对贡献人员的奖励，要严格控制、合理分配，原则上不超过当年度村集体经营收益增量的10%，县级可根据当地经济发展水平设定最高限额。奖励方案要经成员（代表）会议通过、乡镇（街道）审核同意。单纯通过历史积累和租赁集体土地、房屋、设备等资源资产获得的收益；直接将集体经济发展资金入股经营主体采取委托经营或固投固报等形式获得的收益，通过集体林地生态公益林补偿、集体土地征地补偿、退耕还林补贴等财政补助获得的收益，一般不得用于奖励。

四、收益分配程序

1. 财务核算。村集体经济组织要全面清查资产、清理债权债务，加大应收款项的清收力度；搞好承包合同的结算和兑现，按时足额收缴合同、租赁协议等所规定的上缴款等收益；在此基础上，准确核算全年的收入、支出、可分配收益。

2. 制定方案。村集体经济组织理事会负责核实年度收入、开支，根据章程制定年度收益分配初步方案；监事会负责审核方案是否符合财务会计制度等规定。收益分配方案要广泛征求集体经济组织成员（代表）的意见，提交村党组织召开会议专题研究审议，并报乡镇（街道）政府（办事处）审核。

3. 审议公示。将征求意见、镇级审核后修改的收益分配方案提交成员（代表）会议讨论、表决，应到股东（代表）三分之二以上通过，形成书面决议。表决通过后的方案须张榜公示，向全体成员公开，公示时间不少于5个工作日。

4. 组织实施。方案公示无异议后，制作收益分配表，由股权户代表签字确认后，再由村集体经济组织发放给股权户代表，股权户代表收到款项后负责向户内成员分配。

5. 结果备案。分配完成后，村集体经济组织将集体收益分配方案、会议决议等书面材料、收益分配表，报乡镇（街道）政府（办事处）备案。

五、有关要求

1. 各级各有关部门要加强组织领导，建立健全农村集体经济组织收益分配制度，指导农村集体经济组织加强财务管理，健全会计制度，规范有序开展收益分配。

2. 村党组织要认真把关，督促村级集体经济组织严格落实收益分配有关程序和要求。乡镇（街道）政府（办事处）要加强对收益分配方案的审核，必要时可委托中介机构审计，防止"变现"和变相私分集体资产。可以参照"村财（账）乡管"办法，委托乡镇（街道）农村会计委托代理服务中心等机构代管村集体经济组织财务。

3. 村集体经济组织要健全完善章程，明确公积公益金提取、福利费提取、民主议事机制等重要事项；要完善收益分配方式，逐步由福利分配向按股分配转变，建立与经营效益挂钩、以股份份额为基础的分配机制，减少收益分配随意性。

4. 村集体经济组织要建立健全相关财务管理制度，严格控制非生产性开支，定期公开财务收支情况，便于成员监督。严禁对发展潜力不足、未经分析评估和成员（代表）会议审议的项目列支扩大再生产资金，严禁违规用集体收入资金用于发展个人项目或在扶持项目选定上优亲厚友，严禁搞"形象工程""政绩工程"以及其他奢侈浪费支出，严禁搞"账外账"等违法违规行为。

5. 村集体经济组织按需设置集体股的，集体股分红收入应主要用于处置遗留问题、发展集体经济、扶持村集体公益事业开支。集体股所占比例原则上不超过30%。集体股占比达到30%以上的，除特殊情形外不宜再提取公积公益金。

中共山东省委组织部
山东省农业农村厅
山东省财政厅
山东省民政厅
2020年3月31日

模块六　农村集体经济组织会计报表及分析

学习目标

1. 理解农村集体经济组织会计报表概念、种类和编制要求；
2. 了解如何编制资产负债表及该表相关内容；
3. 了解如何编制收益及收益分配表及该表相关内容；
4. 了解如何编制科目余额表和收入支出明细表及两表相关内容；
5. 学会编写财务情况说明书，并对财务指标进行分析。

项目导学

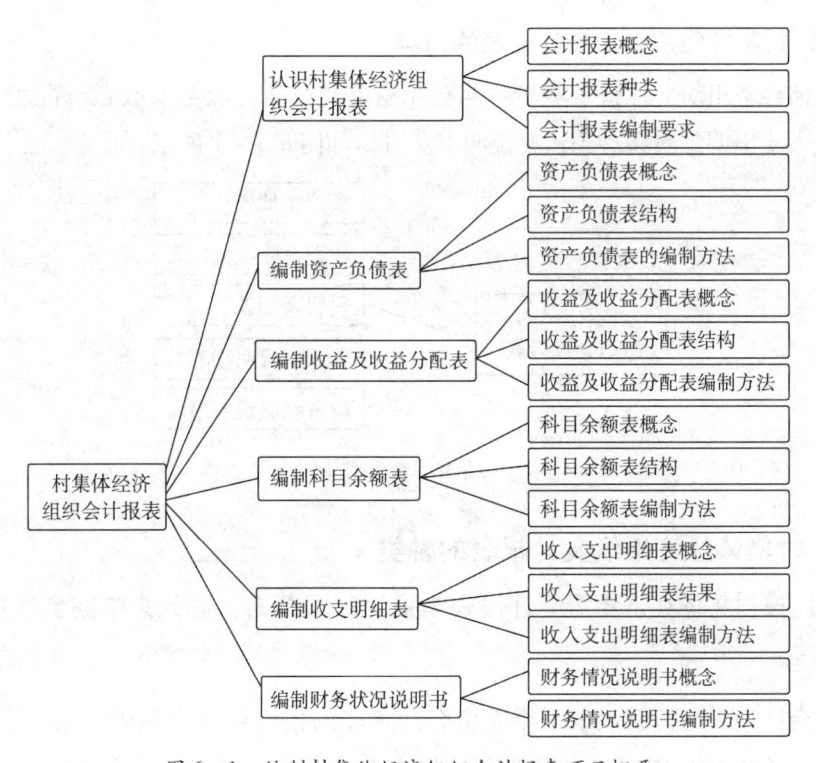

图6-1　编制村集体经济组织会计报表项目概要

会计报表是村集体经济组织会计信息的主要输出内容，编制村集体经济组织会计报表是会计核算专门方法之一。本模块主要介绍村集体经济组织会计报表的构成和种类、资产负债表的编制、收益及收益分配表的编制。具体见图6-1。

项目一 认识村集体经济组织会计报表

一、村集体经济组织会计报表的概念、作用、内容

（一）村集体经济组织会计报表的概念

村集体经济组织会计报表是指村集体对外提供的反映村集体经济组织一定时期内经济活动情况的书面报告。

（二）村集体经济组织会计报表的作用

①可以为村集体、投资者和债权人的投资、贷款决策提供信息；

②可以为村集体加强经济管理提供资料；

③可以为有关管理部门加强检查、监督，维护经济秩序提供资料。

（三）村集体经济组织会计报表的内容

村集体经济组织会计报表至少应当包括资产负债表、收益及收益分配表、科目余额表、收入支出明细表和财务状况说明书。具体如图6.1-1所示：

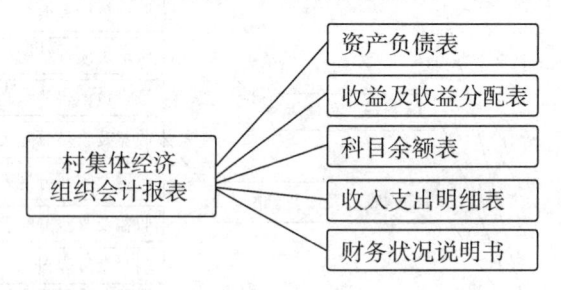

图6.1-1 村集体经济组织会计报表内容

二、村集体经济组织会计报表的种类

（一）按村集体经济组织会计报表编报的时间范围，可分为中期会计报表和年度会计报表

中期会计报表是指以短于一个完整会计年度的报告期间为基础编制的会计报表，包括月报、季报和半年报等。中期会计报表至少应当包括科目余额表、收入支出明

细表。

年度会计报表是指村集体经济组织每年末编制的会计报表。年度报表通常包括资产负债表、收益及收益分配表。

（二）按村集体经济组织会计报表编报的内容不同，可分为资产负债表、收益及收益分配表、科目余额表、收入支出明细表

会计报表具体种类如图6.1-2所示：

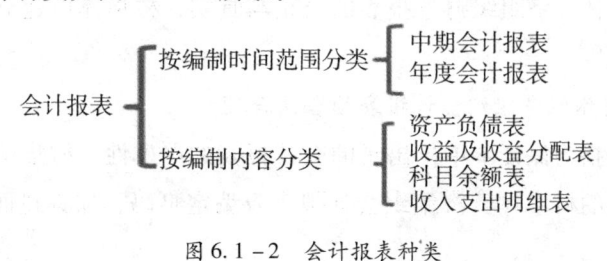

会计报表
- 按编制时间范围分类
  - 中期会计报表
  - 年度会计报表
- 按编制内容分类
  - 资产负债表
  - 收益及收益分配表
  - 科目余额表
  - 收入支出明细表

图6.1-2 会计报表种类

三、村集体经济组织会计报表的编制要求

（一）内容完整

会计报表应当反映村集体经济组织活动的全貌，全面反映村集经济组织的财务状况和收益及收益分配情况，这样才能满足各方面对会计信息的需要，实现会计目标。凡是国家要求提供的会计报表，各村集体经济组织必须全部编制并报送，不得漏编和漏报。

（二）数字真实

由于编制会计报表的直接依据是会计账簿，所有报表的数据都来源于会计账簿；所以，为保证会计报表数据的正确性、真实性，如实地反映村集体经济组织的财务状况、收益及收益分配情况，编制报表之前必须做好对账和结账工作，做到账证相符、账账相符、账实相符，这是保证会计信息质量的基本要求，即客观性要求。

（三）计算准确

日常的会计核算及会计报表编制，涉及大量的数字计算，只有计算准确，才能保证数字的真实可靠。这就要求编制会计报表时必须以核对无误的账簿记录和其他有关资料为依据，不能使用估计或推算的数据，更不能以任何方式弄虚作假、玩数字游戏及隐瞒谎报。

（四）报送及时

及时性是会计信息的重要特征，会计报表信息只有及时地传递给会计信息使用者，才能为会计信息使用者的决策提供依据。否则，即使是真实可靠和内容完整的村集体经济组织会计报表，要是编制和报送不及时，也会大大降低其会计信息的使用价值。

(五) 手续完备

村集体经济组织对外提供会计报表时应按规定程序上报、审批，须符合程序、合法合理。

1. 村集体经济组织会计报表报送须符合程序

村集体经济组织会计报表编制完成后，应按村集体经济组织会计制度和财务制度的要求，经村集体会计主管人员审核无误后，及时向农村经营管理部门等单位申报。

为了保证村集体经济组织财务报表的公正与真实，村集体应建立村集体经济组织会计报表的签证制度。

2. 审批的村集体经济组织会计报表须合法合理

所谓合法，是指为保证本单位出具的会计报表的严肃性，村集体经济组织向农村经营管理部门提供的村集体经济组织会计报表应编定页码、加具封面、装订成册、加盖公章。

会计报表封面须注明：村集体经济组织名称、统一代码、组织形式、地址、报表所属年度或者月份、报出日期，并具村委会主任和主管会计工作的负责人的签名和盖章。

所谓合理，就是村集体经济组织会计报表须合理反映村集体的业务与经营活动。

经审批的村集体经济组织会计报表应由审批人签名盖章。

项目二　编制资产负债表

一、资产负债表的概念与作用

（一）资产负债表的概念

资产负债表是指反映村集体经济组织在某一特定日期（月末、季末或年末）财务状况的会计报表。

（二）资产负债表的作用

村集体经济组织管理者通过资产负债表可以了解村集体经济组织拥有或控制的经济资源和承担的责任、义务，了解村集体经济组织资产、负债各项目的构成比例是否合理，并以此分析村集体经济组织的经营能力、运营能力和偿债能力，预测村集体经济组织的经营前景。

村集体经济组织的投资者通过资产负债表可以了解所有者权益构成情况，考核村集体经济组织管理人员是否有效利用现有"三资"财富，是否使资产得到增值，以此分析村集体经济组织的财务实力和未来发展能力，做出是否继续投资的决策。

村集体经济组织债权人和供应商通过资产负债表可以了解村集体经济组织的偿债能力、支付能力及现有财务状况，以便分析财务风险，预测未来现金流动情况，做出贷款及营销决策。

农村经营管理部门、税务局等通过资产负债表可以了解村集体经济组织是否认真贯彻执行有关方针、政策，以便加强宏观管理和调控。

二、资产负债表的结构

资产负债表的结构有账户式和报告式两种，我国村集体资产负债表采用账户式结构。账户式资产负债表分为左右两方：左方为资产项目，按资产的流动性大小排列，如先排列流动资产、农业资产，后排列非流动资产；右方为负债和所有者权益项目，按要求清偿的时间先后顺序排列，如先排列流动负债，后排列长期负债，最后排列所有者权益。

账户式资产负债表以"资产＝负债＋所有者权益"为理论依据，资产各项目的合计等于负债和所有者权益各项目的合计。

资产负债表具体格式，如表6.2-1所示：

表6.2-1 资产负债表

年　　月　　日　　　　　　　　　　　村会01表

编制单位：　　　　　　　　　单位：元

资产	行次	年初数	年末数	负债及所有者权益	行次	年初数	年末数
流动资产：				流动负债：			
货币资金	1			短期借款	35		
短期投资	2			应付款项	36		
应收款项	5			应付工资	37		
存货	8			应付福利费	38		
流动资产合计	9			流动负债合计	41		
农业资产：				长期负债：			
牲畜（禽）资产	10			长期借款及应付款	42		
林木资产	11			"一事一议"资金	43		
农业资产合计	15			长期负债合计	46		
长期资产：				负债合计	49		
长期投资	16						
固定资产：							
固定资产原价	19						
减：累计折旧	20			所有者权益：			
固定资产净值	21			资本	50		
固定资产清理	22			公积公益金	51		
在建工程	23			未分配收益	52		
固定资产合计	26			所有者权益合计	53		
资产总计	32			负债和所有者权益总计	56		

补充资料：

项　目	金　额
无法收回、尚未批准核销的短期投资	
确实无法收回、尚未批准核销的应收款项	
盘亏、毁损和报废、尚未批准核销的存货	
死亡毁损、尚未批准核销的农业资产	
无法收回、尚未批准核销的长期投资	
盘亏和毁损、尚未批准核销的固定资产	
毁损和报废、尚未批准核销的在建工程	

三、资产负债表的编制方法

(一) 资产负债表"年初数"栏数额

"年初数"栏数额,从上年本表"年末数"栏对应取值。

(二) 资产负债表"年末数"栏数额

一般,村集体经济组织根据记账凭证,编制"账户(科目)试算平衡表",计算出所有账户(科目)的本月发生额及其期末余额;根据"账户(科目)试算平衡表"登记总账,然后根据账户(科目)余额编制村集体经济组织资产负债表"年末数"栏各项目。

村集体经济组织资产负债表"年末数"栏各项目的填列,主要有以下几种方法:

1. 根据有关总账账户的期末余额直接填列

如"短期投资""牲畜(禽)资产""林木资产""长期投资""累计折旧""在建工程""短期借款""应付工资""应付福利费""长期借款及应付款""'一事一议'资金""资本""公积公益金"等项目。

【例】2018年6月30日××村期末编制的"总分类账账户(科目)试算平衡表"(部分),如表6.2-2所示:

表6.2-2 ××村总分类账账户(科目)试算平衡表

会计科目	期初数额	借方发生	贷方发生	期末余额
短期投资	8 000	10 000	11 000	7 000(借)
固定资产	300 000	400 000	200 000	500 000(借)
累计折旧	100 000		10 000	110 000(贷)
固定资产清理	800 000	600 000	1 200 000	200 000(借)
在建工程	10 000	40 000	20 000	30 000(借)
短期借款	50 000	100 000	200 000	150 000(贷)
资本	900 000		600 000	1 500 000(贷)
公积公益金	100 000		40 000	140 000(贷)

"短期投资"项目 = 8 000 + 10 000 - 11 000 = 7 000(元)

"固定资产"项目 = 300 000 + 400 000 - 200 000 = 500 000(元)

"累计折旧"项目 = 100 000 + 10 000 = 110 000(元)

"短期借款"项目 = 50 000 + 200 000 - 100 000 = 150 000(元)

"资本"项目 = 900 000 + 600 000 = 1 500 000(元)

"公积公益金"项目 = 100 000 + 40 000 = 140 000(元)

2. 根据有关总账账户的期末余额之和分析计算填列

如"货币资金"项目，需根据"现金""银行存款"两个总账账户期末余额的合计数填列；"存货"项目，需根据"库存物资""生产（劳务）成本"科目年末余额合计填列。

【例】××村期末编制的"总分类账账户（科目）试算平衡表"（部分），如表6.2-3所示：

表6.2-3　××村总分类账账户（科目）试算平衡表

会计科目	期初数额	借方发生	贷方发生	期末余额
现金	8 000	10 000	11 000	7 000（借）
银行存款	2 600 000	1 040 000	840 000	2 800 000（借）
短期投资	300 000	400 000	600 000	100 000（借）
库存物资	80 000	70 000	50 000	100 000（借）
生产（劳务）成本	10 000	90 000	20 000	80 000（借）

"货币资金"项目=7 000+2 800 000=2 807 000（元）

"存货"项目=100 000+80 000=180 000（元）

3. 根据有关总账账户与明细账账户的期末余额之和分析计算填列

如"应收款项"项目，需根据"应收款"总账账户和"内部往来"所属的相关明细账户的期末借方余额合计数计算填列；"应付款项"项目，需根据"应付款"总账账户和"内部往来"账户所属的相关明细账户的期末贷方余额合计数计算填列。

4. 根据有关总账账户的期末余额加或减分析计算填列

如"未分配收益"项目，需根据"本年收益"科目和"收益分配"科目的余额计算填列；未弥补的亏损，在本项目内数字以"-"号表示。如"本年收益"科目和"收益分配"科目的余额均为贷方，直接合计填写"未分配收益"项目；"本年收益"科目和"收益分配"科目的余额均为借方，直接合计填写"未分配收益"项目，数字以"-"号表示。如"本年收益"科目和"收益分配"科目的余额一方为借方，另一方为贷方，贷方余额大于借方余额，按正数之差填写；"本年收益"科目和"收益分配"科目的余额一方为借方，另一方为贷方，贷方余额小于借方余额，按负数之差填写。

【例】××新村2018年年末账户余额，如表6.2-4所示：

表6.2-4 ××新村2018年年末账户余额

资产账户	余额方向	期末余额	负债和所有者权益账户	余额方向	期末余额
现金	借	5 200	短期借款	贷	800 000
银行存款	借	233 800	应付款	贷	100 000
短期投资	借	109 200	——丙单位	贷	20 000
应收款	借	465 000	——丁单位	贷	80 000
——大地公司	借	260 000	内部往来	贷	42 000
——金海公司	贷	55 000	——甲村民	贷	75 000
——运河公司	借	250 000	——乙村民	借	33 000
——仁兴公司	借	10 000	应付工资	贷	50 000
存货	借	226 000	应付福利费	贷	13 100
——甲材料	借	150 000	"一事一议"资金	贷	52 000
——乙材料	借	76 000	长期借款及应付款	贷	350 000
牲畜资产	借	92 400	资本	贷	1 000 000
林业资产	借	619 000	公积公益金	贷	220 000
——A产品	借	210 000	收益分配	贷	74 500
——B产品	借	409 000	本年收益	贷	100 000
长期股权投资	借	355 000			
固定资产	借	1 028 000			
累计折旧	贷	332 000			
合计		2 801 600	合计		2 801 600

根据以上账户资料编制的××新村2018年年末资产负债表，如表6.2-5所示：

表6.2-5 资产负债表

2018年12月31日　　　　　　　　　　　　　　　　村会01表

编制单位：××新村　　　　　　　　　　　　　　　　单位：元

资产	行次	年初数（略）	年末数	负债及所有者权益	行次	年初数	年末数
流动资产：				流动负债：			
货币资金	1		239 000	短期借款	35		800 000
短期投资	2		109 200	应付款项	36		175 000
应收款项	5		498 000	应付工资	37		50 000
存货	8		226 000	应付福利费	38		13 100

(续表)

资产	行次	年初数（略）	年末数	负债及所有者权益	行次	年初数	年末数
流动资产合计	9		1 072 200	流动负债合计	41		1 038 100
农业资产：				长期负债：			
牲畜（禽）资产	10		92 400	长期借款及应付款	42		350 000
林木资产	11		619 000	"一事一议"资金	43		52 000
农业资产合计	15		711 400	长期负债合计	46		402 000
长期资产：				负债合计	49		1 440 100
长期投资	16		355 000				
固定资产：							
固定资产原价	19		1 028 000				
减：累计折旧	20		332 000	所有者权益：			
固定资产净值	21		696 000	资本	50		1 000 000
固定资产清理	22			公积公益金	51		220 000
在建工程	23			未分配收益	52		174 500
固定资产合计	26		696 000	所有者权益合计	53		1 394 500
资产总计	32		2 834 600	负债和所有者权益总计	56		2 834 600

案例解析

表 6.2－5 中有关项目的计算如下：

1. "货币资金"项目 = 5 200 + 233 800 = 239 000（元）

2. "应收款"项目 = 465 000 + 33 000 = 498 000（元）

3. "牲畜（禽）资产"项目 = 92 400 = 92 400（元）

4. "长期投资"项目 = 355 000（元）

5. "存货"项目 = 150 000 + 76 000 = 226 000（元）

6. "固定资产净值"项目 = 1 028 000 － 332 000 = 696 000（元）

7. "应付款"项目 = 100 000 + 75 000 = 175 000（元）

8. "未分配收益"项目 = 74 500 + 100 000 = 174 500（元）

项目三 编制收益及收益分配表

一、收益及收益分配表的概念与作用

（一）收益及收益分配表的概念

收益及收益分配表是指反映村集体经济组织年度内收益实现及其分配实际情况的会计报表。

（二）收益及收益分配表的作用

可据以解释、评价和预测村集体的经营成果和获利能力；可据以解释、评价和预测村集体的偿债能力；可据以评价和考核村集体经济组织管理人员的绩效；村集体经济组织管理人员可据以做出经营决策。

二、收益及收益分配表的结构

收益及收益分配表一般有多步式和单步式两种格式。

多步式收益及收益分配表，是通过对当期的收入、费用、支出项目按性质加以归类，按收益形成的主要环节列示一些中间性收益指标，分步计算当期净损益。我国村集体一般编制多步式收益及收益分配表。

单步式收益及收益分配表是将本期发生的所有收入类项目集中在一起列示，所有支出类项目也集中在一起列示，然后将收入类合计减去支出类合计，计算出本期净利润（或亏损）。

多步类收益及收益分配表的结构，如表6.3-1所示：

表6.3-1 收益及收益分配表

年　　月　　　　　　　　　　　　　　　　　　村会02表

编制单位：　　　　　　　　　　　　　　　　　　　单位：元

项目	行次	金额	项目	行次	金额
本年收益			收益分配		
一、经营收入	1		四、本年收益	21	
加：发包及上交收入	2		加：年初未分配收益	22	

（续表）

项目	行次	金额	项目	行次	金额
投资收益	3		其他转入	23	
减：经营支出	6		五、可分配收益	26	
管理费用	7		减：1. 提取公积公益金	27	
二、经营收益	10		2. 提取应付福利费	28	
加：农业税附加返还收入	11		3. 外来投资分利	29	
补助收入	12		4. 农户分配	30	
其他收入	13		5. 其他	31	
减：其他支出	16				
三、本年收益	20		六、年末未分配收益	35	

多步式收益及收益分配表的结构主要包括以下内容：

①经营收益 = 经营收入 + 发包及上交收入 + 投资收益 − 经营支出 − 管理费用

②本年收益 = 经营收益 + 农业税附加返还收入 + 补助收入 + 其他收入 − 其他支出

③可分配收益 = 本年收益 + 年初未分配收益 + 其他转入

④年末未分配收益 = 可分配收益 − 提取公积公益金 − 提取应付福利费 − 外来投资分利 − 农户分配 − 其他

三、收益及收益分配表的编制方法

（一）"上期金额"栏数字填写

收益及收益分配表中"上期金额"栏内各项数字，应根据上年该期收益及收益分配表的"本期金额"栏内所列数字填列。

（二）"本期金额"栏数字填写

"本期金额"栏内各项数字，除"每股收益"项目外，应根据有关损益类账户的本期发生额分析计算填列。如"营业收入"项目，根据"主营业务收入"和"其他业务收入"账户的本期发生额分析计算填列；"营业成本"项目，根据"主营业务成本"和"其他业务成本"账户的发生额分析计算填列；"管理费用"项目，根据"管理费用"账户本期发生额扣除计入当期损益的研发费用后，分析计算填列；"研发费用"项目，根据本期计入当期损益的研发费用分析填列。

【例】××新村2018年有关损益类账户的发生额资料，如表6.3-2所示：

表 6.3-2　损益类账户发生额

单位：元

账户名称	借方发生额	贷方发生额
经营收入		2 320 000
经营支出	1 600 000	
发包及上交收入		500 000
其他收入		350 000
补助收入		86 000
其他支出	38 000	
管理费用	96 000	
投资收益		35 000
本年收益		85 000
其他转入		25 000

经村民代表大会决议，本年度村集体经济组织拟提取公积公益金 200 000 元，用作资本积累；提取应付福利费 150 000 元，备作村民集体福利；600 000 元用于村集体分配现金红利；其余转作下年度累计收益。

根据以上账户资料编制收益及收益分配表，如表 6.3-3 所示：

表 6.3-3　收益及收益分配表

2018 年度　　　　　　　　　　　　　　　　　　村会 02 表

编制单位：××新村　　　　　　　　　　　　　　单位：元

项目	行次	金额	项目	行次	金额
本年收益			收益分配		
一、经营收入	1	2 320 000	四、本年收益	21	1 207 000
加：发包及上交收入	2	500 000	加：年初未分配收益	22	
投资收益	3	35 000	其他转入	23	25 000
减：经营支出	6	1 600 000	五、可分配收益	26	1 232 000
管理费用	7	96 000	减：1. 提取公积公益金	27	200 000
二、经营收益	10	1 159 000	2. 提取应付福利费	28	150 000
加：农业税附加返还收入	11		3. 外来投资分利	29	
补助收入	12	86 000	4. 农户分配	30	600 000
其他收入	13	0	5. 其他	31	
减：其他支出	16	38 000			
三、本年收益	20	1 207 000	六、年末未分配收益	35	282 000

案例解析

表 6.3-3 中有关项目的计算如下:

"经营收益"项目 = "经营收入"账户发生额 + "发包及上交收入"账户发生额 + "投资收益"账户发生额 – "经营支出"账户发生额 – "管理费用"账户发生额

= 2 320 000 + 500 000 + 35 000 – 1 600 000 – 96 000 = 1 159 000(元)

"本年收益"项目 = "经营收益"账户发生额 + "补助收入"账户发生额 + "其他收入"账户发生额 – "其他支出"发生额

= 1 159 000 + 86 000 – 38 000 = 1 207 000(元)

其他项目根据相关账户的发生额填列。

项目四　编制科目余额表和收入支出明细表

一、科目余额表

（一）科目余额表的概念

科目余额表是指反映村集体经济组织会计所设计的会计科目各个月末或季末余额多少的会计报表，是月（季）末结算的试算表，是编制资产负债表的重要依据。

（二）科目余额表的格式

科目余额表一般格式：从左至右分为"科目编号""科目名称""期初余额""本期发生额"和"期末余额"五大栏目。除了"科目编号"和"科目名称"外，其余三栏又分别分为"借方"和"贷方"两小栏。每个大栏的借方合计等于其贷方合计。科目余额表具体格式见表6.4-1。

每年12月，村集体经济组织除正常编制一张年终各科目余额表外，还应于决算后再编制一张年终科目余额表以作为平衡账户、将有关账户余额结转下年的依据。科目余额表同时也属于自制会计凭证，应与当年会计凭证一起装订存档。

（三）科目余额表的编制方法

"科目编号"应根据村集体经济组织会计制度规定的科目编号及顺序对应编列，没有账户记录业务的科目可以不再列示。

"内部往来"科目应按往来明细账户，分别汇总借方余额和贷方余额，再分别填入"期初余额"和"期末余额"的"借方"和"贷方"。

如表6.4-1中的"内部往来"科目，其"期初余额"为上月（2021年10月）的期末余额，即上月期末借方余额为154190.90元、贷方余额为2552.10元。

除"内部往来"科目外，其余各科目的"期初余额""本期发生额""期末余额"，应在月末结账后，根据总账科目的期初余额（借方或者贷方）、本期发生额（借方或者贷方）、期末余额（借方或者贷方）逐个科目填列。

其中，"期初余额"是根据上期该会计科目的期末余额直接填制的；"本期发生额"是根据涉及该科目本期记账凭证借方或贷方发生额合计填列的；"期末余额"是根据该科目的期初余额（按照四柱法），加上本期借方发生额，再减去本期贷方发生额计算的。

如"现金"科目的期初余额1 316.83元,加上本期发生额的借方发生额29 040.00元,减去本期贷方发生额30 037.94元,等于期末借方余额318.89元。详见表6.4-1。

"累计折旧"科目为固定资产备抵科目,其借方余额应用"-"号,列示在固定资产科目下方,而不是作为负债科目填列在累计折旧的贷方。

累计折旧账户,期初借方余额为-14 533.31元,为上期期末余额。本期借方发生额为1 080.26元,贷方发生额为34 049.50元。期初余额-14 533.31元,减去1 080.26元,加34 049.50元,即为本期期末余额。本期期末借方余额为-47 502.55元。如表6.4-1所示:

表6.4-1 科目余额表

填报单位:××村　　　　　　2021年11月　　　　　　　　　　单位:元

编号	科目名称	期初余额 借方	期初余额 贷方	本期发生额 借方	本期发生额 贷方	期末余额 借方	期末余额 贷方
101	现金	1 316.83		29 040.00	30 037.94	318.89	
102	银行存款	533 250.44		765 912.38	998 456.13	300 706.69	
112	应收款	206 000.00		100 100.00	270 100.00	36 000.00	
113	内部往来	154 190.90	2 552.10	850.00	8 695.00	151 380.90	7 587.10
121	库存物资	5 513.20			2 250.00	3 263.20	
151	固定资产	272 795.14		1 631 200.00	13 329.94	1 890 665.2	
152	累计折旧	-14 533.31		1 080.26	34 049.50	-47 502.55	
153	固定资产清理			12 249.68	12 249.68		
154	在建工程	311 436.57		1 443 187.14	1 568 441.20	186 182 051	
201	短期借款		180 000.00	240 000.00	60 000.00		
202	应付款			120 040.00	672 685.00		552 645.00
211	应付工资		4 800.00		52 366.00		47 566.00
212	应付福利费		7 418.80	12 661.70	51 282.36		31 201.86
221	长期借款及应付款		94 858.11	60 000.00			34 858.11
231	"一事一议"资金		10 395.00	10 395.00			
241	专项应付款		300 000.00	814 441.20	716 477.30		202 036.10
301	资本		205 030.07				205 030.07
311	公积公益金		593 695.06	14 003.80	849 998.72		1 429 689.98
321	本年收益			250 572.38	250 572.38		
322	收益分配			187 211.16	197 611.78		10 400.62

（续表）

编号	科目名称	期初余额 借方	期初余额 贷方	本期发生额 借方	本期发生额 贷方	期末余额 借方	期末余额 贷方
511	发包及上交收入		28 000.00	60 000.00	32 000.00		
522	补助收入		86 300.00	93 500.200	7 200.00		
531	其他收入		320.00	97 072.38	96 752.38		
541	管理费用	3 901.61		70 648.54	74 550.15		
551	其他支出	15 060.16		56 955.87	72 016.03		
合计		1 501 150.34	1 501 150.34	6 071 121.49	6 071 121.49	2 521 014.84	2 521 014.84

二、收入支出明细表

（一）收入支出明细表的概念

村集体收入支出明细表是指反映村集体经济组织年内各月份或各季度收入、支出及收益情况的会计报表。

（二）收入支出明细表的格式

村集体收入支出明细表由收入和支出两大部分组成，各项收入合计减各项支出合计等于各项收支差额，即年内每个月月末累计实现的收益数额。具体格式如表6.4-2所示：

表6.4-2 收支明细表

填报单位：××村　　　　　　2021年11月　　　　　　单位：元

项目	行次	本月数	本年累计数	项目	行次	本月数	本年累计数
一、经营收入	1			一、经营支出	17		
1. 农产品销售收入	2			1. 销售农产品成本及费用	18		
2. 物资销售收入	3			2. 销售物资成本及费用	19		
3. 租赁收入	4			3. 租赁成本及费用	20		
4. 服务收入	5			4. 提供服务劳务	21		
5. 劳务收入	6			5. 对外提供劳务	22		
二、发包及上交收入	7	28 000.00	308 000.00	二、管理费用	23	3 901.61	42 917.71
1. 土地承包收入	8			1. 工资及补贴	24		
2. 果园承包收入	9			2. 办公费	25	876.80	9 644.80
3. 村办企业上缴利润	10			3. 差旅费	26	641.00	7 051.00
4. 滩地承包收入	11	28 000.00	308 000.00	4. 折旧修理费	27	2 116.31	2 379.41
三、农业税附加返还收入	12			5. 其他	28	267.50	2 942.50

(续表)

项目	行次	本月数	本年累计数	项目	行次	本月数	本年累计数
四、补助收入	13	86 300.00	949 300.00	三、其他支出	29	15 060.16	165 661.76
五、其他收入	14	320	3 520.00	1. 利息支出	30	916.00	10 076.00
六、投资收益	15			2. 折旧修理费	31	46.66	513.26
				3. 公益支出	32	1 745.00	19 195.00
				4. 其他杂支	33	12 352.50	135 877.50
收入合计	16	114 620.00	1 260 820.00	支出合计	34	18 961.77	208 579.47
		收支差额			35	95 658.23	1 052 240.53

（三）收入支出明细表的编制方法

收入支出明细表各项目本月数和本年累计数分别根据损益类账户及其所属的明细账户的本月发生额和月末余额及账务处理记录分析填列。

村集体收入支出明细表"本月数"各栏目中，左边收入项目填写方法如下：

"经营收入"各项目根据经营收入所属明细账户本期发生额合计数填写；"发包及上交收入"各项目根据发包及上交收入所属明细账户本期发生额合计数填写；"农业税附加返还收入"项目已经取消，不再填写；"补助收入""其他收入"和"投资收益"分别根据"补助收入""其他收入"和"投资收益"明细账户本期贷方发生额合计数填写。具体见表6.4-2。

村集体收入支出明细表"本月数"各栏目中，右边支出项目填写方法如下：

"经营支出"各项目根据经营支出所属明细账户本期发生额合计数填写；"管理费用"各项目根据管理费用所属明细账户本期借方发生额合计数填写；"利息支出"项目根据利息支出所属明细账户本期借方发生额合计数填写。

"收入合计""本月数"栏目根据"经营收入""发包及上交收入""农业税附加返还收入""补助收入""其他收入"和"投资收益"等栏目合计数累加后填写。

"支出合计""本月数"栏目根据"经营支出""管理费用"和"其他支出"等栏目合计数累加后填写。

村集体收入支出明细表"本年累计数"各栏目中，是按照1月至本月止相关各栏目累计数填写。具体见表6.4-2。

项目五　编写财务情况说明书

一、财务情况说明书的概念与内容

（一）财务情况说明书的概念

财务情况说明书是指村集体经济组织对一定时期（通常为一年）的财务情况进行分析、总结，所做出的书面文字说明，是村集体会计报表的补充，也是村集体决算报告的组成部分。

（二）财务情况说明书的内容

村集体经济组织的基本情况。基本情况包括村集体经济组织地理位置、组织架构、人员构成（户数、人数）、土地使用情况、主要经营模式、报告期财务状况及经营收益。

村集体财务状况变化情况及其原因。财务状况的变化主要是村集体本年财务状况与上年（或者是特定年度）财务状况的比较，包括直接比较和相对比较。

村集体经营收入、经营支出、经营收益及变化情况。村集体经营收入、经营支出及经营收益，要说明本年度实际数额、计划数额，以及实际数额与计划数额的比较情况。必要时，还要说明本年度实际数、上年度实际数及本年度数与上年度数的比较情况。

二、财务情况说明书的作用

分析财务情况：分析改善财务状况的潜力和困难；分析村集体提高经营收入、降低经营支出的潜力和困难；说明村集体本年度经营收益的产生及分配计划。

说明下年度经营管理工作的打算：提出村集体"两委"班子总的工作设想；提出改善村集体财务状况的路径；提出提高村集体经营收入的路径和降低管理支出的方法。

三、财务情况说明书的编写

文无定法，但大部分财务情况说明书的编写还是有一定的技巧，归纳起来包括以下四个方面。

（一）搜集资料

搜集村集体近三年财务情况资料。通过资料搜集、分析，了解村集体财务状况，从而取得第一手资料。

（二）加工整理

加工整理村集体财务资料，计算各种财务分析指标，判断财务状况改善或恶化趋势，以及村集体收入及收益增减变化情况及发展趋势，从而为村集体管理人员提供决策信息。

（三）撰写说明书

根据财务情况说明书的内容，分别对村集体基本情况、财务状况加以说明。在此基础上，对村集体财务分析指标逐一比较阐述，用数据说明村集体财务状况。最后，根据村集体领导决策，说明村集体下年度经营目标、收益目标等远景。

（四）修改说明书

文章是改出来的，财务情况说明书也不例外。撰写完毕，作者应在写完的基础上通读几遍，做到语言流畅、语句通顺，结构清晰，富有逻辑性。

项目六 财务指标分析

一、资产负债表财务指标分析

通过对资产负债表中相关项目的计算和分析，村集体报表使用者可以得出流动比率、资产负债率、总资产增长率等指标，借以分析村集体经济组织的偿债能力及资产保值增值情况等。

（一）流动比率

1. 流动比率的概念

流动比率是指村集体流动资产与流动负债的比例。

2. 流动比率计算公式

流动比率 = 流动资产 ÷ 流动负债

通过流动比率的比较，可以观察村集体经济组织短期偿债能力的强弱。流动比率越高，意味着村集体的短期偿债能力越强；反之，流动比率越低，意味着村集体的短期偿债能力越弱。一般情况下，有人认为，流动比率的理想值为2。

（二）资产负债率

1. 资产负债率的概念

资产负债率是指村集体某一特定日期负债总额与资产总额的比率。

2. 资产负债率计算公式

资产负债率 = 负债总额 ÷ 资产总额

上式中，负债总额与资产总额均为时点指标，反映某一天（月末、季末或年末）的数额。

通过资产负债率的比较，观察村集体长期偿债能力的增减趋势。一般来说，资产负债率越高，表示村集体长期偿债能力越低；反之，资产负债率越低，表示村集体长期偿债能力越高。根据表6.2 – 5，济宁市任城区安居复兴新村资产负债表计算：

济宁市任城区安居复兴新村年末资产负债率 = 1 440 100 ÷ 2 834 600 ≈ 51%

资产负债率是一个时点指标，最好是计算出村集体年初与年末的资产负债率指标。通过上述计算结果可知，村集体本年资产负债率较上年是增长还是降低，可以说明其长期偿债能力的升降情况。

（三）固定资产成新率的比较

固定资产成新率＝平均固定资产净值÷平均固定资产原值

固定资产成新率应取连续几年的数值进行比较。通过各期固定资产成新率，来表示目前固定资产的可使用状况，成新率降低则表示可使用程度降低。

（四）总资产增长率的比较

总资产增长率＝年度内总资产增长额÷年初资产总额

总资产增长率是村集体当年总资产增长额同年初资产总额的比率。总资产增长率也应取连续几年的数值进行比较。通过各期总资产增长率的计算，取得多期总资产增长率，用以反映村集体各年资产规模的增长情况，总资产增长率越高，表明村集体一定时期内资产经营规模扩张的速度越快。但在分析时，还需要关注资产规模扩张的质和量的关系，以及村集体的后续发展能力，以避免盲目扩张。

知识链接

反映村集体短期偿债能力指标体系构成：现金比率、速动比率、流动比率。

$$现金比率 = \frac{货币资金}{流动负债}$$

$$速动比率 = \frac{速动资产}{流动负债} = \frac{流动资产 - 存货}{流动负债}$$

$$流动比率 = \frac{流动资金}{流动负债}$$

其中，根据现金比率、速动比率和流动比率的计算结果，可以对年初数据与年末数据进行比较，从而观察村集体财务状况的变化。

如果上述指标能够计算，需要注意的是：现金比率一般越大越好，但也不能太大，否则，会导致村集体流动资金利用率太低。速动比率的安全标准为1，小于1，村集体偿债风险大；反之，偿债安全性高。流动比率的安全标准为2，小于2，村集体偿债风险大；反之，偿债安全性高。

二、收益及收益分配表财务分析指标

如前所述，收益及收益分配表是指反映村集体经济组织年度内收益实现及其分配的实际情况的报表。需要注意的是，村集体经济组织收益及收益分配表不包括村（组）办企业和承包农户的收益及收益分配表。

通过阅读收益及收益分配表，除了可以了解有关单位收益形成及分配情况外，还可以计算和分析收益及收益分配表有关指标，掌握有关单位的盈利能力。

（一）销售利润率

销售利润率＝本年收益÷经营收入

（二）资本报酬率比较

资本报酬率 = 净收益 ÷ 平均净资产

平均净资产 = （年初净资产总额 + 年末净资产总额）÷ 2

资本报酬率是村集体收益与所有者权益的比值。这里的净收益，指的是本年收益。净资产一般是指所有者权益，即资产扣除负债后的差额。平均净资产是年初净资产占用与年末净资产占用的平均额。这一指标反映了所占用净资产的利用效率，指标越高，表明净资产的利用效率越高。

（三）总资产报酬率比较

总资产报酬率 = 净收益 ÷ 平均总资产

平均总资产 = （年初资产总额 + 年末资产总额）÷ 2

总资产报酬率是村集体净收益与平均资产的比值。这里的净收益，指的是本年收益。平均资产是年初资产占用数额与年末资产占用数额的平均数额。这一指标反映了所占用资产的利用效率，指标越高，表明资产的利用效率越高。

参考文献

［1］陈雪原，孙梦洁，周雨晴，等. 中国农村集体经济发展报告（2021）［M］. 北京：社会科学文献出版社，2021.

［2］郭继宏. 村级财务管理与集体资产经营［M］. 北京：高等教育出版社，2011.

［3］中共中央组织部组织二局. 发展壮大村级集体经济案例选［M］. 北京：党建读物出版社，2018.

［4］彭海红. 中国农村集体经济改革与发展研究［M］. 武汉：华中科技大学出版社，2018.

［5］农业农村部管理干部学院. 农村集体产权制度改革村级案例——60例［M］. 北京：中国农业出版社，2021.

［6］韩冬梅. 财务管理实务［M］. 成都：西南财经大学出版社，2021.

附录一
中华人民共和国农民专业合作社法

目 录

第一章　总　则
第二章　设立和登记
第三章　成　员
第四章　组织机构
第五章　财务管理
第六章　合并、分立、解散和清算
第七章　农民专业合作社联合社
第八章　扶持措施
第九章　法律责任
第十章　附　则

第一章　总　则

第一条　为了规范农民专业合作社的组织和行为，鼓励、支持、引导农民专业合作社的发展，保护农民专业合作社及其成员的合法权益，推进农业农村现代化，制定本法。

第二条　本法所称农民专业合作社，是指在农村家庭承包经营基础上，农产品的生产经营者或者农业生产经营服务的提供者、利用者，自愿联合、民主管理的互助性经济组织。

第三条　农民专业合作社以其成员为主要服务对象，开展以下一种或者多种业务：
（一）农业生产资料的购买、使用；
（二）农产品的生产、销售、加工、运输、贮藏及其他相关服务；
（三）农村民间工艺及制品、休闲农业和乡村旅游资源的开发经营等；
（四）与农业生产经营有关的技术、信息、设施建设运营等服务。

第四条　农民专业合作社应当遵循下列原则：

（一）成员以农民为主体；

（二）以服务成员为宗旨，谋求全体成员的共同利益；

（三）入社自愿、退社自由；

（四）成员地位平等，实行民主管理；

（五）盈余主要按照成员与农民专业合作社的交易量（额）比例返还。

第五条 农民专业合作社依照本法登记，取得法人资格。

农民专业合作社对由成员出资、公积金、国家财政直接补助、他人捐赠以及合法取得的其他资产所形成的财产，享有占有、使用和处分的权利，并以上述财产对债务承担责任。

第六条 农民专业合作社成员以其账户内记载的出资额和公积金份额为限对农民专业合作社承担责任。

第七条 国家保障农民专业合作社享有与其他市场主体平等的法律地位。

国家保护农民专业合作社及其成员的合法权益，任何单位和个人不得侵犯。

第八条 农民专业合作社从事生产经营活动，应当遵守法律，遵守社会公德、商业道德，诚实守信，不得从事与章程规定无关的活动。

第九条 农民专业合作社为扩大生产经营和服务的规模，发展产业化经营，提高市场竞争力，可以依法自愿设立或者加入农民专业合作社联合社。

第十条 国家通过财政支持、税收优惠和金融、科技、人才的扶持以及产业政策引导等措施，促进农民专业合作社的发展。

国家鼓励和支持公民、法人和其他组织为农民专业合作社提供帮助和服务。

对发展农民专业合作社事业做出突出贡献的单位和个人，按照国家有关规定予以表彰和奖励。

第十一条 县级以上人民政府应当建立农民专业合作社工作的综合协调机制，统筹指导、协调、推动农民专业合作社的建设和发展。

县级以上人民政府农业主管部门、其他有关部门和组织应当依据各自职责，对农民专业合作社的建设和发展给予指导、扶持和服务。

第二章　设立和登记

第十二条 设立农民专业合作社，应当具备下列条件：

（一）有五名以上符合本法第十九条、第二十条规定的成员；

（二）有符合本法规定的章程；

（三）有符合本法规定的组织机构；

（四）有符合法律、行政法规规定的名称和章程确定的住所；

（五）有符合章程规定的成员出资。

第十三条　农民专业合作社成员可以用货币出资，也可以用实物、知识产权、土地经营权、林权等可以用货币估价并可以依法转让的非货币财产，以及章程规定的其他方式作价出资；但是，法律、行政法规规定不得作为出资的财产除外。

农民专业合作社成员不得以对该社或者其他成员的债权，充抵出资；不得以缴纳的出资，抵销对该社或者其他成员的债务。

第十四条　设立农民专业合作社，应当召开由全体设立人参加的设立大会。设立时自愿成为该社成员的人为设立人。

设立大会行使下列职权：

（一）通过本社章程，章程应当由全体设立人一致通过；

（二）选举产生理事长、理事、执行监事或者监事会成员；

（三）审议其他重大事项。

第十五条　农民专业合作社章程应当载明下列事项：

（一）名称和住所；

（二）业务范围；

（三）成员资格及入社、退社和除名；

（四）成员的权利和义务；

（五）组织机构及其产生办法、职权、任期、议事规则；

（六）成员的出资方式、出资额，成员出资的转让、继承、担保；

（七）财务管理和盈余分配、亏损处理；

（八）章程修改程序；

（九）解散事由和清算办法；

（十）公告事项及发布方式；

（十一）附加表决权的设立、行使方式和行使范围；

（十二）需要载明的其他事项。

第十六条　设立农民专业合作社，应当向工商行政管理部门提交下列文件，申请设立登记：

（一）登记申请书；

（二）全体设立人签名、盖章的设立大会纪要；

（三）全体设立人签名、盖章的章程；

（四）法定代表人、理事的任职文件及身份证明；

（五）出资成员签名、盖章的出资清单；

（六）住所使用证明；

（七）法律、行政法规规定的其他文件。

登记机关应当自受理登记申请之日起二十日内办理完毕，向符合登记条件的申请者颁发营业执照，登记类型为农民专业合作社。

农民专业合作社法定登记事项变更的，应当申请变更登记。

登记机关应当将农民专业合作社的登记信息通报同级农业等有关部门。

农民专业合作社登记办法由国务院规定。办理登记不得收取费用。

第十七条 农民专业合作社应当按照国家有关规定，向登记机关报送年度报告，并向社会公示。

第十八条 农民专业合作社可以依法向公司等企业投资，以其出资额为限对所投资企业承担责任。

第三章 成 员

第十九条 具有民事行为能力的公民，以及从事与农民专业合作社业务直接有关的生产经营活动的企业、事业单位或者社会组织，能够利用农民专业合作社提供的服务，承认并遵守农民专业合作社章程，履行章程规定的入社手续的，可以成为农民专业合作社的成员。但是，具有管理公共事务职能的单位不得加入农民专业合作社。

农民专业合作社应当置备成员名册，并报登记机关。

第二十条 农民专业合作社的成员中，农民至少应当占成员总数的百分之八十。

成员总数二十人以下的，可以有一个企业、事业单位或者社会组织成员；成员总数超过二十人的，企业、事业单位和社会组织成员不得超过成员总数的百分之五。

第二十一条 农民专业合作社成员享有下列权利：

（一）参加成员大会，并享有表决权、选举权和被选举权，按照章程规定对本社实行民主管理；

（二）利用本社提供的服务和生产经营设施；

（三）按照章程规定或者成员大会决议分享盈余；

（四）查阅本社的章程、成员名册、成员大会或者成员代表大会记录、理事会会议决议、监事会会议决议、财务会计报告、会计账簿和财务审计报告；

（五）章程规定的其他权利。

第二十二条 农民专业合作社成员大会选举和表决，实行一人一票制，成员各享有一票的基本表决权。

出资额或者与本社交易量（额）较大的成员按照章程规定，可以享有附加表决权。本社的附加表决权总票数，不得超过本社成员基本表决权总票数的百分之二十。享有附加表决权的成员及其享有的附加表决权数，应当在每次成员大会召开时告知出席会议的全体成员。

第二十三条 农民专业合作社成员承担下列义务：

（一）执行成员大会、成员代表大会和理事会的决议；

（二）按照章程规定向本社出资；

（三）按照章程规定与本社进行交易；

（四）按照章程规定承担亏损；

（五）章程规定的其他义务。

第二十四条 符合本法第十九条、第二十条规定的公民、企业、事业单位或者社会组织，要求加入已成立的农民专业合作社，应当向理事长或者理事会提出书面申请，经成员大会或者成员代表大会表决通过后，成为本社成员。

第二十五条 农民专业合作社成员要求退社的，应当在会计年度终了的三个月前向理事长或者理事会提出书面申请；其中，企业、事业单位或者社会组织成员退社，应当在会计年度终了的六个月前提出；章程另有规定的，从其规定。退社成员的成员资格自会计年度终了时终止。

第二十六条 农民专业合作社成员不遵守农民专业合作社的章程、成员大会或者成员代表大会的决议，或者严重危害其他成员及农民专业合作社利益的，可以予以除名。

成员的除名，应当经成员大会或者成员代表大会表决通过。

在实施前款规定时，应当为该成员提供陈述意见的机会。

被除名成员的成员资格自会计年度终了时终止。

第二十七条 成员在其资格终止前与农民专业合作社已订立的合同，应当继续履行；章程另有规定或者与本社另有约定的除外。

第二十八条 成员资格终止的，农民专业合作社应当按照章程规定的方式和期限，退还记载在该成员账户内的出资额和公积金份额；对成员资格终止前的可分配盈余，依照本法第四十四条的规定向其返还。

资格终止的成员应当按照章程规定分摊资格终止前本社的亏损及债务。

第四章　组织机构

第二十九条 农民专业合作社成员大会由全体成员组成，是本社的权力机构，行使下列职权：

（一）修改章程；

（二）选举和罢免理事长、理事、执行监事或者监事会成员；

（三）决定重大财产处置、对外投资、对外担保和生产经营活动中的其他重大事项；

（四）批准年度业务报告、盈余分配方案、亏损处理方案；

（五）对合并、分立、解散、清算，以及设立、加入联合社等作出决议；

（六）决定聘用经营管理人员和专业技术人员的数量、资格和任期；

（七）听取理事长或者理事会关于成员变动情况的报告，对成员的入社、除名等作出决议；

（八）公积金的提取及使用；

（九）章程规定的其他职权。

第三十条 农民专业合作社召开成员大会，出席人数应当达到成员总数三分之二以上。

成员大会选举或者作出决议，应当由本社成员表决权总数过半数通过；作出修改章程或者合并、分立、解散，以及设立、加入联合社的决议应当由本社成员表决权总数的三分之二以上通过。章程对表决权数有较高规定的，从其规定。

第三十一条 农民专业合作社成员大会每年至少召开一次，会议的召集由章程规定。有下列情形之一的，应当在二十日内召开临时成员大会：

（一）百分之三十以上的成员提议；

（二）执行监事或者监事会提议；

（三）章程规定的其他情形。

第三十二条 农民专业合作社成员超过一百五十人的，可以按照章程规定设立成员代表大会。成员代表大会按照章程规定可以行使成员大会的部分或者全部职权。

依法设立成员代表大会的，成员代表人数一般为成员总人数的百分之十，最低人数为五十一人。

第三十三条 农民专业合作社设理事长一名，可以设理事会。理事长为本社的法定代表人。

农民专业合作社可以设执行监事或者监事会。理事长、理事、经理和财务会计人员不得兼任监事。

理事长、理事、执行监事或者监事会成员，由成员大会从本社成员中选举产生，依照本法和章程的规定行使职权，对成员大会负责。

理事会会议、监事会会议的表决，实行一人一票。

第三十四条 农民专业合作社的成员大会、成员代表大会、理事会、监事会，应当将所议事项的决定作成会议记录，出席会议的成员、成员代表、理事、监事应当在会议记录上签名。

第三十五条 农民专业合作社的理事长或者理事会可以按照成员大会的决定聘任

经理和财务会计人员，理事长或者理事可以兼任经理。经理按照章程规定或者理事会的决定，可以聘任其他人员。

经理按照章程规定和理事长或者理事会授权，负责具体生产经营活动。

第三十六条 农民专业合作社的理事长、理事和管理人员不得有下列行为：

（一）侵占、挪用或者私分本社资产；

（二）违反章程规定或者未经成员大会同意，将本社资金借贷给他人或者以本社资产为他人提供担保；

（三）接受他人与本社交易的佣金归为己有；

（四）从事损害本社经济利益的其他活动。

理事长、理事和管理人员违反前款规定所得的收入，应当归本社所有；给本社造成损失的，应当承担赔偿责任。

第三十七条 农民专业合作社的理事长、理事、经理不得兼任业务性质相同的其他农民专业合作社的理事长、理事、监事、经理。

第三十八条 执行与农民专业合作社业务有关公务的人员，不得担任农民专业合作社的理事长、理事、监事、经理或者财务会计人员。

第五章　财务管理

第三十九条 农民专业合作社应当按照国务院财政部门制定的财务会计制度进行财务管理和会计核算。

第四十条 农民专业合作社的理事长或者理事会应当按照章程规定，组织编制年度业务报告、盈余分配方案、亏损处理方案以及财务会计报告，于成员大会召开的十五日前，置备于办公地点，供成员查阅。

第四十一条 农民专业合作社与其成员的交易、与利用其提供的服务的非成员的交易，应当分别核算。

第四十二条 农民专业合作社可以按照章程规定或者成员大会决议从当年盈余中提取公积金。公积金用于弥补亏损、扩大生产经营或者转为成员出资。

每年提取的公积金按照章程规定量化为每个成员的份额。

第四十三条 农民专业合作社应当为每个成员设立成员账户，主要记载下列内容：

（一）该成员的出资额；

（二）量化为该成员的公积金份额；

（三）该成员与本社的交易量（额）。

第四十四条 在弥补亏损、提取公积金后的当年盈余，为农民专业合作社的可分配盈余。可分配盈余主要按照成员与本社的交易量（额）比例返还。

可分配盈余按成员与本社的交易量（额）比例返还的返还总额不得低于可分配盈余的百分之六十；返还后的剩余部分，以成员账户中记载的出资额和公积金份额，以及本社接受国家财政直接补助和他人捐赠形成的财产平均量化到成员的份额，按比例分配给本社成员。

经成员大会或者成员代表大会表决同意，可以将全部或者部分可分配盈余转为对农民专业合作社的出资，并记载在成员账户中。

具体分配办法按照章程规定或者经成员大会决议确定。

第四十五条　设立执行监事或者监事会的农民专业合作社，由执行监事或者监事会负责对本社的财务进行内部审计，审计结果应当向成员大会报告。

成员大会也可以委托社会中介机构对本社的财务进行审计。

第六章　合并、分立、解散和清算

第四十六条　农民专业合作社合并，应当自合并决议作出之日起十日内通知债权人。合并各方的债权、债务应当由合并后存续或者新设的组织承继。

第四十七条　农民专业合作社分立，其财产作相应的分割，并应当自分立决议作出之日起十日内通知债权人。分立前的债务由分立后的组织承担连带责任。但是，在分立前与债权人就债务清偿达成的书面协议另有约定的除外。

第四十八条　农民专业合作社因下列原因解散：

（一）章程规定的解散事由出现；

（二）成员大会决议解散；

（三）因合并或者分立需要解散；

（四）依法被吊销营业执照或者被撤销。

因前款第一项、第二项、第四项原因解散的，应当在解散事由出现之日起十五日内由成员大会推举成员组成清算组，开始解散清算。逾期不能组成清算组的，成员、债权人可以向人民法院申请指定成员组成清算组进行清算，人民法院应当受理该申请，并及时指定成员组成清算组进行清算。

第四十九条　清算组自成立之日起接管农民专业合作社，负责处理与清算有关未了结业务，清理财产和债权、债务，分配清偿债务后的剩余财产，代表农民专业合作社参与诉讼、仲裁或者其他法律程序，并在清算结束时办理注销登记。

第五十条　清算组应当自成立之日起十日内通知农民专业合作社成员和债权人，并于六十日内在报纸上公告。债权人应当自接到通知之日起三十日内，未接到通知的自公告之日起四十五日内，向清算组申报债权。如果在规定期间内全部成员、债权人均已收到通知，免除清算组的公告义务。

债权人申报债权,应当说明债权的有关事项,并提供证明材料。清算组应当对债权进行审查、登记。

在申报债权期间,清算组不得对债权人进行清偿。

第五十一条 农民专业合作社因本法第四十八条第一款的原因解散,或者人民法院受理破产申请时,不能办理成员退社手续。

第五十二条 清算组负责制定包括清偿农民专业合作社员工的工资及社会保险费用,清偿所欠税款和其他各项债务,以及分配剩余财产在内的清算方案,经成员大会通过或者申请人民法院确认后实施。

清算组发现农民专业合作社的财产不足以清偿债务的,应当依法向人民法院申请破产。

第五十三条 农民专业合作社接受国家财政直接补助形成的财产,在解散、破产清算时,不得作为可分配剩余资产分配给成员,具体按照国务院财政部门有关规定执行。

第五十四条 清算组成员应当忠于职守,依法履行清算义务,因故意或者重大过失给农民专业合作社成员及债权人造成损失的,应当承担赔偿责任。

第五十五条 农民专业合作社破产适用企业破产法的有关规定。但是,破产财产在清偿破产费用和共益债务后,应当优先清偿破产前与农民成员已发生交易但尚未结清的款项。

第七章 农民专业合作社联合社

第五十六条 三个以上的农民专业合作社在自愿的基础上,可以出资设立农民专业合作社联合社。

农民专业合作社联合社应当有自己的名称、组织机构和住所,由联合社全体成员制定并承认的章程,以及符合章程规定的成员出资。

第五十七条 农民专业合作社联合社依照本法登记,取得法人资格,领取营业执照,登记类型为农民专业合作社联合社。

第五十八条 农民专业合作社联合社以其全部财产对该社的债务承担责任;农民专业合作社联合社的成员以其出资额为限对农民专业合作社联合社承担责任。

第五十九条 农民专业合作社联合社应当设立由全体成员参加的成员大会,其职权包括修改农民专业合作社联合社章程,选举和罢免农民专业合作社联合社理事长、理事和监事,决定农民专业合作社联合社的经营方案及盈余分配,决定对外投资和担保方案等重大事项。

农民专业合作社联合社不设成员代表大会,可以根据需要设立理事会、监事会或者执行监事。理事长、理事应当由成员社选派的人员担任。

第六十条 农民专业合作社联合社的成员大会选举和表决，实行一社一票。

第六十一条 农民专业合作社联合社可分配盈余的分配办法，按照本法规定的原则由农民专业合作社联合社章程规定。

第六十二条 农民专业合作社联合社成员退社，应当在会计年度终了的六个月前以书面形式向理事会提出。退社成员的成员资格自会计年度终了时终止。

第六十三条 本章对农民专业合作社联合社没有规定的，适用本法关于农民专业合作社的规定。

第八章　扶持措施

第六十四条 国家支持发展农业和农村经济的建设项目，可以委托和安排有条件的农民专业合作社实施。

第六十五条 中央和地方财政应当分别安排资金，支持农民专业合作社开展信息、培训、农产品标准与认证、农业生产基础设施建设、市场营销和技术推广等服务。国家对革命老区、民族地区、边疆地区和贫困地区的农民专业合作社给予优先扶助。

县级以上人民政府有关部门应当依法加强对财政补助资金使用情况的监督。

第六十六条 国家政策性金融机构应当采取多种形式，为农民专业合作社提供多渠道的资金支持。具体支持政策由国务院规定。

国家鼓励商业性金融机构采取多种形式，为农民专业合作社及其成员提供金融服务。

国家鼓励保险机构为农民专业合作社提供多种形式的农业保险服务。鼓励农民专业合作社依法开展互助保险。

第六十七条 农民专业合作社享受国家规定的对农业生产、加工、流通、服务和其他涉农经济活动相应的税收优惠。

第六十八条 农民专业合作社从事农产品初加工用电执行农业生产用电价格，农民专业合作社生产性配套辅助设施用地按农用地管理，具体办法由国务院有关部门规定。

第九章　法律责任

第六十九条 侵占、挪用、截留、私分或者以其他方式侵犯农民专业合作社及其成员的合法财产，非法干预农民专业合作社及其成员的生产经营活动，向农民专业合作社及其成员摊派，强迫农民专业合作社及其成员接受有偿服务，造成农民专业合作社经济损失的，依法追究法律责任。

第七十条 农民专业合作社向登记机关提供虚假登记材料或者采取其他欺诈手段取得登记的，由登记机关责令改正，可以处五千元以下罚款；情节严重的，撤销登记或者吊销营业执照。

第七十一条 农民专业合作社连续两年未从事经营活动的，吊销其营业执照。

第七十二条 农民专业合作社在依法向有关主管部门提供的财务报告等材料中，作虚假记载或者隐瞒重要事实的，依法追究法律责任。

第十章 附 则

第七十三条 国有农场、林场、牧场、渔场等企业中实行承包租赁经营、从事农业生产经营或者服务的职工，兴办农民专业合作社适用本法。

第七十四条 本法自2018年7月1日起施行。

附录二
中华人民共和国农村集体经济组织法

目 录

第一章 总 则

第二章 成 员

第三章 组织登记

第四章 组织机构

第五章 财产经营管理和收益分配

第六章 扶持措施

第七章 争议的解决和法律责任

第八章 附 则

第一章 总 则

第一条 为了维护农村集体经济组织及其成员的合法权益，规范农村集体经济组织及其运行管理，促进新型农村集体经济高质量发展，巩固和完善农村基本经营制度和社会主义基本经济制度，推进乡村全面振兴，加快建设农业强国，促进共同富裕，根据宪法，制定本法。

第二条 本法所称农村集体经济组织，是指以土地集体所有为基础，依法代表成员集体行使所有权，实行家庭承包经营为基础、统分结合双层经营体制的区域性经济组织，包括乡镇级农村集体经济组织、村级农村集体经济组织、组级农村集体经济组织。

第三条 农村集体经济组织是发展壮大新型农村集体经济、巩固社会主义公有制、促进共同富裕的重要主体，是健全乡村治理体系、实现乡村善治的重要力量，是提升中国共产党农村基层组织凝聚力、巩固党在农村执政根基的重要保障。

第四条 农村集体经济组织应当坚持以下原则：

（一）坚持中国共产党的领导，在乡镇党委、街道党工委和村党组织的领导下依法履职；

（二）坚持社会主义集体所有制，维护集体及其成员的合法权益；

（三）坚持民主管理，农村集体经济组织成员依照法律法规和农村集体经济组织章程平等享有权利、承担义务；

（四）坚持按劳分配为主体、多种分配方式并存，促进农村共同富裕。

第五条　农村集体经济组织依法代表成员集体行使所有权，履行下列职能：

（一）发包农村土地；

（二）办理农村宅基地申请、使用事项；

（三）合理开发利用和保护耕地、林地、草地等土地资源并进行监督；

（四）使用集体经营性建设用地或者通过出让、出租等方式交由单位、个人使用；

（五）组织开展集体财产经营、管理；

（六）决定集体出资的企业所有权变动；

（七）分配、使用集体收益；

（八）分配、使用集体土地被征收征用的土地补偿费等；

（九）为成员的生产经营提供技术、信息等服务；

（十）支持和配合村民委员会在村党组织领导下开展村民自治；

（十一）支持农村其他经济组织、社会组织依法发挥作用；

（十二）法律法规和农村集体经济组织章程规定的其他职能。

第六条　农村集体经济组织依照本法登记，取得特别法人资格，依法从事与其履行职能相适应的民事活动。

农村集体经济组织不适用有关破产法律的规定。

农村集体经济组织可以依法出资设立或者参与设立公司、农民专业合作社等市场主体，以其出资为限对其设立或者参与设立的市场主体的债务承担责任。

第七条　农村集体经济组织从事经营管理和服务活动，应当遵守法律法规，遵守社会公德、商业道德，诚实守信，承担社会责任。

第八条　国家保护农村集体经济组织及其成员的合法权益，任何组织和个人不得侵犯。

农村集体经济组织成员集体所有的财产受法律保护，任何组织和个人不得侵占、挪用、截留、哄抢、私分、破坏。

妇女享有与男子平等的权利，不得以妇女未婚、结婚、离婚、丧偶、户无男性等为由，侵害妇女在农村集体经济组织中的各项权益。

第九条　国家通过财政、税收、金融、土地、人才以及产业政策等扶持措施，促进农村集体经济组织发展，壮大新型农村集体经济。

国家鼓励和支持机关、企事业单位、社会团体等组织和个人为农村集体经济组提供帮助和服务。

对发展农村集体经济组织事业做出突出贡献的组织和个人，按照国家规定给予表彰和奖励。

第十条 国务院农业农村主管部门负责指导全国农村集体经济组织的建设和发展。国务院其他有关部门在各自职责范围内负责有关的工作。

县级以上地方人民政府农业农村主管部门负责本行政区域内农村集体经济组织的登记管理、运行监督指导以及承包地、宅基地等集体财产管理和产权流转交易等的监督指导。县级以上地方人民政府其他有关部门在各自职责范围内负责有关的工作。

乡镇人民政府、街道办事处负责本行政区域内农村集体经济组织的监督管理等。

县级以上人民政府农业农村主管部门应当会同有关部门加强对农村集体经济组织工作的综合协调，指导、协调、扶持、推动农村集体经济组织的建设和发展。

地方各级人民政府和县级以上人民政府农业农村主管部门应当采取措施，建立健全集体财产监督管理服务体系，加强基层队伍建设，配备与集体财产监督管理工作相适应的专业人员。

第二章 成 员

第十一条 户籍在或者曾经在农村集体经济组织并与农村集体经济组织形成稳定的权利义务关系，以农村集体经济组织成员集体所有的土地等财产为基本生活保障的居民，为农村集体经济组织成员。

第十二条 农村集体经济组织通过成员大会，依据前条规定确认农村集体经济组织成员。

对因成员生育而增加的人员，农村集体经济组织应当确认为农村集体经济组织成员。对因成员结婚、收养或者因政策性移民而增加的人员，农村集体经济组织一般应当确认为农村集体经济组织成员。

确认农村集体经济组织成员，不得违反本法和其他法律法规的规定。

农村集体经济组织应当制作或者变更成员名册。成员名册应当报乡镇人民政府、街道办事处和县级人民政府农业农村主管部门备案。

省、自治区、直辖市人民代表大会及其常务委员会可以根据本法，结合本行政区域实际情况，对农村集体经济组织的成员确认作出具体规定。

第十三条 农村集体经济组织成员享有下列权利：

（一）依照法律法规和农村集体经济组织章程选举和被选举为成员代表、理事会成员、监事会成员或者监事；

（二）依照法律法规和农村集体经济组织章程参加成员大会、成员代表大会，参与表决决定农村集体经济组织重大事项和重要事务；

（三）查阅、复制农村集体经济组织财务会计报告、会议记录等资料，了解有关情况；

（四）监督农村集体经济组织的生产经营管理活动和集体收益的分配、使用，并提出意见和建议；

（五）依法承包农村集体经济组织发包的农村土地；

（六）依法申请取得宅基地使用权；

（七）参与分配集体收益；

（八）集体土地被征收征用时参与分配土地补偿费等；

（九）享受农村集体经济组织提供的服务和福利；

（十）法律法规和农村集体经济组织章程规定的其他权利。

第十四条 农村集体经济组织成员履行下列义务：

（一）遵守法律法规和农村集体经济组织章程；

（二）执行农村集体经济组织依照法律法规和农村集体经济组织章程作出的决定；

（三）维护农村集体经济组织合法权益；

（四）合理利用和保护集体土地等资源；

（五）参与、支持农村集体经济组织的生产经营管理活动和公益活动；

（六）法律法规和农村集体经济组织章程规定的其他义务。

第十五条 非农村集体经济组织成员长期在农村集体经济组织工作，对集体做出贡献的，经农村集体经济组织成员大会全体成员四分之三以上同意，可以享有本法第十三条第七项、第九项、第十项规定的权利。

第十六条 农村集体经济组织成员提出书面申请并经农村集体经济组织同意的，可以自愿退出农村集体经济组织。

农村集体经济组织成员自愿退出的，可以与农村集体经济组织协商获得适当补偿或者在一定期限内保留其已经享有的财产权益，但是不得要求分割集体财产。

第十七条 有下列情形之一的，丧失农村集体经济组织成员身份：

（一）死亡；

（二）丧失中华人民共和国国籍；

（三）已经取得其他农村集体经济组织成员身份；

（四）已经成为公务员，但是聘任制公务员除外；

（五）法律法规和农村集体经济组织章程规定的其他情形。

因前款第三项、第四项情形而丧失农村集体经济组织成员身份的，依照法律法规、国家有关规定和农村集体经济组织章程，经与农村集体经济组织协商，可以在一定期限内保留其已经享有的相关权益。

第十八条 农村集体经济组织成员不因就学、服役、务工、经商、离婚、丧偶、服刑等原因而丧失农村集体经济组织成员身份。

农村集体经济组织成员结婚，未取得其他农村集体经济组织成员身份的，原农村集体经济组织不得取消其成员身份。

第三章 组织登记

第十九条 农村集体经济组织应当具备下列条件：

（一）有符合本法规定的成员；

（二）有符合本法规定的集体财产；

（三）有符合本法规定的农村集体经济组织章程；

（四）有符合本法规定的名称和住所；

（五）有符合本法规定的组织机构。

符合前款规定条件的村一般应当设立农村集体经济组织，村民小组可以根据情况设立农村集体经济组织；乡镇确有需要的，可以设立农村集体经济组织。

设立农村集体经济组织不得改变集体土地所有权。

第二十条 农村集体经济组织章程应当载明下列事项：

（一）农村集体经济组织的名称、法定代表人、住所和财产范围；

（二）农村集体经济组织成员确认规则和程序；

（三）农村集体经济组织的机构；

（四）集体财产经营和财务管理；

（五）集体经营性财产收益权的量化与分配；

（六）农村集体经济组织的变更和注销；

（七）需要载明的其他事项。

农村集体经济组织章程应当报乡镇人民政府、街道办事处和县级人民政府农业农村主管部门备案。

国务院农业农村主管部门根据本法和其他有关法律法规制定农村集体经济组织示范章程。

第二十一条 农村集体经济组织的名称中应当标明"集体经济组织"字样，以及所在县、不设区的市、市辖区、乡、民族乡、镇、村或者组的名称。

农村集体经济组织以其主要办事机构所在地为住所。

第二十二条 农村集体经济组织成员大会表决通过本农村集体经济组织章程、确认本农村集体经济组织成员、选举本农村集体经济组织理事会成员、监事会成员或者监事后，应当及时向县级以上地方人民政府农业农村主管部门申请登记，取得农村集体经济组织登记证书。

农村集体经济组织登记办法由国务院农业农村主管部门制定。

第二十三条 农村集体经济组织合并的，应当在清产核资的基础上编制资产负债表和财产清单。

农村集体经济组织合并的，应当由各自的成员大会形成决定，经乡镇人民政府、街道办事处审核后，报县级以上地方人民政府批准。

农村集体经济组织应当在获得批准合并之日起十日内通知债权人，债权人可以要求农村集体经济组织清偿债务或者提供相应担保。

合并各方的债权债务由合并后的农村集体经济组织承继。

第二十四条 农村集体经济组织分立的，应当在清产核资的基础上分配财产、分解债权债务。

农村集体经济组织分立的，应当由成员大会形成决定，经乡镇人民政府、街道办事处审核后，报县级以上地方人民政府批准。

农村集体经济组织应当在获得批准分立之日起十日内通知债权人。

农村集体经济组织分立前的债权债务，由分立后的农村集体经济组织享有连带债权，承担连带债务，但是农村集体经济组织分立时已经与债权人或者债务人达成清偿债务的书面协议的，从其约定。

第二十五条 农村集体经济组织合并、分立或者登记事项变动的，应当办理变更登记。

农村集体经济组织因合并、分立等原因需要解散的，依法办理注销登记后终止。

第四章 组织机构

第二十六条 农村集体经济组织成员大会由具有完全民事行为能力的全体成员组成，是本农村集体经济组织的权力机构，依法行使下列职权：

（一）制定、修改农村集体经济组织章程；

（二）制定、修改农村集体经济组织内部管理制度；

（三）确认农村集体经济组织成员；

（四）选举、罢免农村集体经济组织理事会成员、监事会成员或者监事；

（五）审议农村集体经济组织理事会、监事会或者监事的工作报告；

（六）决定农村集体经济组织理事会成员、监事会成员或者监事的报酬及主要经营管理人员的聘任、解聘和报酬；

（七）批准农村集体经济组织的集体经济发展规划、业务经营计划、年度财务预决算、收益分配方案；

（八）对农村土地承包、宅基地使用和集体经营性财产收益权份额量化方案等事项作出决定；

（九）对集体经营性建设用地使用、出让、出租方案等事项作出决定；

（十）决定土地补偿费等的分配、使用办法；

（十一）决定投资等重大事项；

（十二）决定农村集体经济组织合并、分立等重大事项；

（十三）法律法规和农村集体经济组织章程规定的其他职权。

需由成员大会审议决定的重要事项，应当先经乡镇党委、街道党工委或者村党组织研究讨论。

第二十七条 农村集体经济组织召开成员大会，应当将会议召开的时间、地点和审议的事项于会议召开十日前通知全体成员，有三分之二以上具有完全民事行为能力的成员参加。成员无法在现场参加会议的，可以通过即时通讯工具在线参加会议，或者书面委托本农村集体经济组织同一户内具有完全民事行为能力的其他家庭成员代为参加会议。

成员大会每年至少召开一次，并由理事会召集，由理事长、副理事长或者理事长指定的成员主持。

成员大会实行一人一票的表决方式。成员大会作出决定，应当经本农村集体经济组织成员大会全体成员三分之二以上同意，本法或者其他法律法规、农村集体经济组织章程有更严格规定的，从其规定。

第二十八条 农村集体经济组织成员较多的，可以按照农村集体经济组织章程规定设立成员代表大会。

设立成员代表大会的，一般每五户至十五户选举代表一人，代表人数应当多于二十人，并且有适当数量的妇女代表。

成员代表的任期为五年，可以连选连任。

成员代表大会按照农村集体经济组织章程规定行使本法第二十六条第一款规定的成员大会部分职权，但是第一项、第三项、第八项、第十项、第十二项规定的职权除外。

成员代表大会实行一人一票的表决方式。成员代表大会作出决定，应当经全体成员代表三分之二以上同意。

第二十九条 农村集体经济组织设理事会，一般由三至七名单数成员组成。理事会设理事长一名，可以设副理事长。理事长、副理事长、理事的产生办法由农村集体经济组织章程规定。理事会成员之间应当实行近亲属回避。理事会成员的任期为五年，可以连选连任。

理事长是农村集体经济组织的法定代表人。

乡镇党委、街道党工委或者村党组织可以提名推荐农村集体经济组织理事会成员候选人，党组织负责人可以通过法定程序担任农村集体经济组织理事长。

第三十条 理事会对成员大会、成员代表大会负责，行使下列职权：

（一）召集、主持成员大会、成员代表大会，并向其报告工作；

（二）执行成员大会、成员代表大会的决定；

（三）起草农村集体经济组织章程修改草案；

（四）起草集体经济发展规划、业务经营计划、内部管理制度等；

（五）起草农村土地承包、宅基地使用、集体经营性财产收益权份额量化，以及集体经营性建设用地使用、出让或者出租等方案；

（六）起草投资方案；

（七）起草年度财务预决算、收益分配方案等；

（八）提出聘任、解聘主要经营管理人员及决定其报酬的建议；

（九）依照法律法规和农村集体经济组织章程管理集体财产和财务，保障集体财产安全；

（十）代表农村集体经济组织签订承包、出租、入股等合同，监督、督促承包方、承租方、被投资方等履行合同；

（十一）接受、处理有关质询、建议并作出答复；

（十二）农村集体经济组织章程规定的其他职权。

第三十一条 理事会会议应当有三分之二以上的理事会成员出席。

理事会实行一人一票的表决方式。理事会作出决定，应当经全体理事的过半数同意。

理事会的议事方式和表决程序由农村集体经济组织章程具体规定。

第三十二条 农村集体经济组织设监事会，成员较少的可以设一至二名监事，行使监督理事会执行成员大会和成员代表大会决定、监督检查集体财产经营管理情况、审核监督本农村集体经济组织财务状况等内部监督职权。必要时，监事会或者监事可以组织对本农村集体经济组织的财务进行内部审计，审计结果应当向成员大会、成员代表大会报告。

监事会或者监事的产生办法、具体职权、议事方式和表决程序等，由农村集体经济组织章程规定。

第三十三条 农村集体经济组织成员大会、成员代表大会、理事会、监事会或者监事召开会议，应当按照规定制作、保存会议记录。

第三十四条　农村集体经济组织理事会成员、监事会成员或者监事与村党组织领导班子成员、村民委员会成员可以根据情况交叉任职。

农村集体经济组织理事会成员、财务人员、会计人员及其近亲属不得担任监事会成员或者监事。

第三十五条　农村集体经济组织理事会成员、监事会成员或者监事应当遵守法律法规和农村集体经济组织章程，履行诚实信用、勤勉谨慎的义务，为农村集体经济组织及其成员的利益管理集体财产，处理农村集体经济组织事务。

农村集体经济组织理事会成员、监事会成员或者监事、主要经营管理人员不得有下列行为：

（一）侵占、挪用、截留、哄抢、私分、破坏集体财产；

（二）直接或者间接向农村集体经济组织借款；

（三）以集体财产为本人或者他人债务提供担保；

（四）违反法律法规或者国家有关规定为地方政府举借债务；

（五）以农村集体经济组织名义开展非法集资等非法金融活动；

（六）将集体财产低价折股、转让、租赁；

（七）以集体财产加入合伙企业成为普通合伙人；

（八）接受他人与农村集体经济组织交易的佣金归为己有；

（九）泄露农村集体经济组织的商业秘密；

（十）其他损害农村集体经济组织合法权益的行为。

第五章　财产管理和收益分配

第三十六条　集体财产主要包括：

（一）集体所有的土地和森林、山岭、草原、荒地、滩涂；

（二）集体所有的建筑物、生产设施、农田水利设施；

（三）集体所有的教育、科技、文化、卫生、体育、交通等设施和农村人居环境基础设施；

（四）集体所有的资金；

（五）集体投资兴办的企业和集体持有的其他经济组织的股权及其他投资性权利；

（六）集体所有的无形资产；

（七）集体所有的接受国家扶持、社会捐赠、减免税费等形成的财产；

（八）集体所有的其他财产。

集体财产依法由农村集体经济组织成员集体所有，由农村集体经济组织依法代表成员集体行使所有权，不得分割到成员个人。

第三十七条 集体所有和国家所有依法由农民集体使用的耕地、林地、草地以及其他依法用于农业的土地，依照农村土地承包的法律实行承包经营。

集体所有的宅基地等建设用地，依照法律、行政法规和国家有关规定取得、使用、管理。

集体所有的建筑物、生产设施、农田水利设施，由农村集体经济组织按照国家有关规定和农村集体经济组织章程使用、管理。

集体所有的教育、科技、文化、卫生、体育、交通等设施和农村人居环境基础设施，依照法律法规、国家有关规定和农村集体经济组织章程使用、管理。

第三十八条 依法应当实行家庭承包的耕地、林地、草地以外的其他农村土地，农村集体经济组织可以直接组织经营或者依法实行承包经营，也可以依法采取土地经营权出租、入股等方式经营。

第三十九条 对符合国家规定的集体经营性建设用地，农村集体经济组织应当优先用于保障乡村产业发展和乡村建设，也可以依法通过出让、出租等方式交由单位或者个人有偿使用。

第四十条 农村集体经济组织可以将集体所有的经营性财产的收益权以份额形式量化到本农村集体经济组织成员，作为其参与集体收益分配的基本依据。

集体所有的经营性财产包括本法第三十六条第一款第一项中可以依法入市、流转的财产用益物权和第二项、第四项至第七项的财产。

国务院农业农村主管部门可以根据本法制定集体经营性财产收益权量化的具体办法。

第四十一条 农村集体经济组织可以探索通过资源发包、物业出租、居间服务、经营性财产参股等多样化途径发展新型农村集体经济。

第四十二条 农村集体经济组织当年收益应当按照农村集体经济组织章程规定提取公积公益金，用于弥补亏损、扩大生产经营等，剩余的可分配收益按照量化给农村集体经济组织成员的集体经营性财产收益权份额进行分配。

第四十三条 农村集体经济组织应当加强集体财产管理，建立集体财产清查、保管、使用、处置、公开等制度，促进集体财产保值增值。

省、自治区、直辖市可以根据实际情况，制定本行政区域农村集体财产管理具体办法，实现集体财产管理制度化、规范化和信息化。

第四十四条 农村集体经济组织应当按照国务院有关部门制定的农村集体经济组织财务会计制度进行财务管理和会计核算。

农村集体经济组织应当根据会计业务的需要，设置会计机构，或者设置会计人员并指定会计主管人员，也可以按照规定委托代理记账。

集体所有的资金不得存入以个人名义开立的账户。

第四十五条　农村集体经济组织应当定期将财务情况向农村集体经济组织成员公布。集体财产使用管理情况、涉及农村集体经济组织及其成员利益的重大事项应当及时公布。农村集体经济组织理事会应当保证所公布事项的真实性。

第四十六条　农村集体经济组织应当编制年度经营报告、年度财务会计报告和收益分配方案，并于成员大会、成员代表大会召开十日前，提供给农村集体经济组织成员查阅。

第四十七条　农村集体经济组织应当依法接受审计监督。

县级以上地方人民政府农业农村主管部门和乡镇人民政府、街道办事处根据情况对农村集体经济组织开展定期审计、专项审计。审计办法由国务院农业农村主管部门制定。

审计机关依法对农村集体经济组织接受、运用财政资金的真实、合法和效益情况进行审计监督。

第四十八条　农村集体经济组织应当自觉接受有关机关和组织对集体财产使用管理情况的监督。

第六章　扶持措施

第四十九条　县级以上人民政府应当合理安排资金，支持农村集体经济组织发展新型农村集体经济、服务集体成员。

各级财政支持的农业发展和农村建设项目，依法将适宜的项目优先交由符合条件的农村集体经济组织承担。国家对欠发达地区和革命老区、民族地区、边疆地区的农村集体经济组织给予优先扶助。

县级以上人民政府有关部门应当依法加强对财政补助资金使用情况的监督。

第五十条　农村集体经济组织依法履行纳税义务，依法享受税收优惠。

农村集体经济组织开展生产经营管理活动或者因开展农村集体产权制度改革办理土地、房屋权属变更，按照国家规定享受税收优惠。

第五十一条　农村集体经济组织用于集体公益和综合服务、保障村级组织和村务运转等支出，按照国家规定计入相应成本。

第五十二条　国家鼓励政策性金融机构立足职能定位，在业务范围内采取多种形式对农村集体经济组织发展新型农村集体经济提供多渠道资金支持。

国家鼓励商业性金融机构为农村集体经济组织及其成员提供多样化金融服务，优先支持符合条件的农村集体经济发展项目，支持农村集体经济组织开展集体经营性财产股权质押贷款；鼓励融资担保机构为农村集体经济组织提供融资担保服务；鼓励保险机构为农村集体经济组织提供保险服务。

第五十三条 乡镇人民政府编制村庄规划应当根据实际需要合理安排集体经济发展各项建设用地。

土地整理新增耕地形成土地指标交易的收益,应当保障农村集体经济组织和相关权利人的合法权益。

第五十四条 县级人民政府和乡镇人民政府、街道办事处应当加强农村集体经济组织经营管理队伍建设,制定农村集体经济组织人才培养计划,完善激励机制,支持和引导各类人才服务新型农村集体经济发展。

第五十五条 各级人民政府应当在用水、用电、用气以及网络、交通等公共设施和农村人居环境基础设施配置方面为农村集体经济组织建设发展提供支持。

第七章　争议的解决和法律责任

第五十六条 对确认农村集体经济组织成员身份有异议,或者农村集体经济组织因内部管理、运行、收益分配等发生纠纷的,当事人可以请求乡镇人民政府、街道办事处或者县级人民政府农业农村主管部门调解解决;不愿调解或者调解不成的,可以向农村土地承包仲裁机构申请仲裁,也可以直接向人民法院提起诉讼。

确认农村集体经济组织成员身份时侵害妇女合法权益,导致社会公共利益受损的,检察机关可以发出检察建议或者依法提起公益诉讼。

第五十七条 农村集体经济组织成员大会、成员代表大会、理事会或者农村集体经济组织负责人作出的决定侵害农村集体经济组织成员合法权益的,受侵害的农村集体经济组织成员可以请求人民法院予以撤销。但是,农村集体经济组织按照该决定与善意相对人形成的民事法律关系不受影响。

受侵害的农村集体经济组织成员自知道或者应当知道撤销事由之日起一年内或者自该决定作出之日起五年内未行使撤销权的,撤销权消灭。

第五十八条 农村集体经济组织理事会成员、监事会成员或者监事、主要经营管理人员有本法第三十五条第二款规定行为的,由乡镇人民政府、街道办事处或者县级人民政府农业农村主管部门责令限期改正;情节严重的,依法给予处分或者行政处罚;造成集体财产损失的,依法承担赔偿责任;构成犯罪的,依法追究刑事责任。

前款规定的人员违反本法规定,以集体财产为本人或者他人债务提供担保的,该担保无效。

第五十九条 对于侵害农村集体经济组织合法权益的行为,农村集体经济组织可以依法向人民法院提起诉讼。

第六十条 农村集体经济组织理事会成员、监事会成员或者监事、主要经营管理人员执行职务时违反法律法规或者农村集体经济组织章程的规定,给农村集体经济组织造成损失的,应当依法承担赔偿责任。

前款规定的人员有前款行为的,农村集体经济组织理事会、监事会或者监事应当向人民法院提起诉讼;未及时提起诉讼的,十名以上具有完全民事行为能力的农村集体经济组织成员可以书面请求监事会或者监事向人民法院提起诉讼。

监事会或者监事收到书面请求后拒绝提起诉讼或者自收到请求之日起十五日内未提起诉讼的,前款规定的提出书面请求的农村集体经济组织成员可以为农村集体经济组织的利益,以自己的名义向人民法院提起诉讼。

第六十一条 农村集体经济组织章程或者农村集体经济组织成员大会、成员代表大会所作的决定违反本法或者其他法律法规规定的,由乡镇人民政府、街道办事处或者县级人民政府农业农村主管部门责令限期改正。

第六十二条 地方人民政府及其有关部门非法干预农村集体经济组织经营管理和财产管理活动或者未依法履行相应监管职责的,由上级人民政府责令限期改正;情节严重的,依法追究相关责任人员的法律责任。

第六十三条 农村集体经济组织对行政机关的行政行为不服的,可以依法申请行政复议或者提起行政诉讼。

第八章 附 则

第六十四条 未设立农村集体经济组织的,村民委员会、村民小组可以依法代行农村集体经济组织的职能。

村民委员会、村民小组依法代行农村集体经济组织职能的,讨论决定有关集体财产和成员权益的事项参照适用本法的相关规定。

第六十五条 本法施行前已经按照国家规定登记的农村集体经济组织及其名称,本法施行后在法人登记证书有效期限内继续有效。

第六十六条 本法施行前农村集体经济组织开展农村集体产权制度改革时已经被确认的成员,本法施行后不需要重新确认。

第六十七条 本法自 2025 年 5 月 1 日起施行。

附录三
农村集体经济组织财务制度

第一章 总 则

第一条 为加强农村集体经济组织财务管理，规范农村集体经济组织财务行为，巩固农村集体产权制度改革成果，保障农村集体经济组织及其成员的合法权益，促进农村集体经济发展，根据有关法律、行政法规，结合农村集体经济组织实际情况，制定本制度。

第二条 中华人民共和国境内依法设立的农村集体经济组织适用本制度。

第三条 农村集体经济组织应当建立健全财务管理制度，如实反映农村集体经济组织的财务状况。合理筹集资金，管好用好集体资产，建立健全收益分配制度和激励约束机制，加强财务信息管理，完善财务监督，控制财务风险，实现集体资产保值增值，推动集体经济发展。

第四条 农村集体经济组织财务活动应当遵循以下原则：

（一）民主管理。保障农村集体经济组织成员对财务活动和财务成果的知情权、参与权、表达权、监督权，实行民主管理和民主监督。

（二）公开透明。财务活动情况及其有关账目，重大经济事项等应当向全体成员公开。

（三）成员受益。保障全体成员享受农村集体经济发展成果。

（四）支持公益。农村集体经济发展成果应当用于村级组织运转保障、农村公益事业。

第五条 农村集体经济组织的财务活动应当依法依规接受乡镇人民政府（包括街道办事处，下同）和农业农村部门、财政部门的监督指导，接受审计等相关部门的监督。

第六条 建立健全农村集体经济组织负责人任期和离任审计制度，将新增债务作为重点审计内容。

第二章 财务管理主体及职责

第七条 农村集体经济组织财务管理工作应当在农村基层党组织领导下，由成员

（代表）大会、理事会、监事会和会计人员等按规定履行职责。农村集体经济组织应当依法依规配备专（兼）职会计人员，也可以根据实际需要实行委托代理记账。

重大财务事项决策参照执行"四议两公开"机制，并报乡镇党委、政府或农业农村部门审核或备案。

第八条 成员（代表）大会的财务管理职责主要包括：

（一）审议、决定本集体经济组织内部财务管理制度、年度财务计划、重大财务收支事项、年度收益分配方案等；

（二）审议、决定本集体经济组织资金筹集、资产资源发包租赁、对外投资、资产处置等事项；

（三）审议、决定本集体经济组织主要经营管理人员薪酬，并对其实施监督和考核；

（四）对理事会和监事会年度财务管理、监督工作提出质询和改进意见；

（五）其他需要成员（代表）大会决定的重大财务事项。

第九条 理事会的财务管理职责主要包括：

（一）起草、执行本集体经济组织内部财务管理制度、年度财务计划、年度收益分配方案等；

（二）实施本集体经济组织资金筹集、资产资源发包租赁、对外投资、资产处置等经营活动，签订经济合同并督促合同履行；

（三）提出本集体经济组织主要经营管理人员薪酬的建议，决定其他工作人员薪酬；

（四）向成员（代表）大会报告年度财务执行情况；

（五）执行本集体经济组织章程规定及成员（代表）大会决定的其他财务事项。

第十条 监事会的财务管理职责主要包括：

（一）监督农村集体经济组织财务活动，组织开展民主理财；

（二）监督理事会、主要经营管理人员和会计人员履职行为，对损害本集体经济组织利益，违反法律、法规、行政规章、组织章程或者成员（代表）大会决议的财务行为提出质询和改进建议，对理事、主要经营管理人员和会计人员提出罢免或解聘建议；

（三）协助地方政府及有关部门做好对农村集体经济组织的审计监督工作；

（四）向成员（代表）大会报告年度财务监督情况；

（五）执行本集体经济组织章程规定及成员（代表）大会决定的其他财务监督事项。

第十一条 会计人员的财务管理职责主要包括：

（一）会计主管人员负责组织本集体经济组织的会计工作，审核本集体经济组织的财务会计报告，在财务会计报告上签名并盖章；

（二）会计人员负责本集体经济组织会计凭证审核及填制、会计账簿登记及核算、财务会计报告编制及报送、稽核、会计档案保管、财务公开等日常工作。配合开展集体资产年度清查、审计和调查工作。

第三章 资金筹集

第十二条 农村集体经济组织可依法依规采取多种形式筹集资金。筹集资金应当履行本集体经济组织决策程序，确定筹资方式、规模和用途，控制筹资成本和风险。

第十三条 农村集体经济组织从各级政府获得资金或其他资产的，按照有关规定执行并接受监管。通过接受捐赠获得资金或其他资产的，应当及时入账，加强管理。

第十四条 农村集体经济组织采用"一事一议"方式筹资的，应当符合有关法律法规和政策要求，遵循量力而行、成员受益、民主决策、上限控制等原则，做到专款专用，确保资金用途的合法性、合理性和有效性。

第十五条 农村集体经济组织不得举债兴办公益事业；举债从事经营性活动应当纳入村级重大事项决策范围，参照执行"四议两公开"机制，并报乡镇党委、政府或农业农村部门审核或备案。

农村集体经济组织直接与社会资本合作从事经营活动的，应当在合同中明确权责边界及收益分配。

严禁将农村集体经济组织债务转嫁给地方政府。

第四章 资产运营

第十六条 农村集体经济组织应当按照有关法律、法规、政策以及组织章程加强现金、银行存款、应收款项、存货等流动资产管理，落实经营管理责任。严禁公款私存和私设小金库，加强票据管理，杜绝"白条"抵库。

第十七条 农村集体经济组织应当按照有关法律、法规、政策以及组织章程加强固定资产购建、使用、处置管理，落实经营管理责任，依法合规计提折旧。在建工程项目验收合格、交付使用后，应当及时办理竣工决算手续。

第十八条 农村集体经济组织应当按照有关法律、法规、政策以及组织章程加强集体的牲畜、林木等生物资产管理，做好增减、摊销、死亡毁损等核算工作，落实经营管理责任。

第十九条 农村集体经济组织应当按照有关法律、法规、政策明确无形资产权属及价值，纳入账内核算，落实经营管理责任，依法合规进行摊销。

第二十条 农村集体经济组织对外投资应当遵守有关法律、法规和政策规定，符合农村集体经济组织发展规划，履行民主程序，做好风险评估和控制，进行严格管理。

第二十一条 农村集体经济组织应当对发生产权转移的厂房、设施、设备等大宗资产及集体土地使用权，未纳入账内核算的、非货币资产对外投资的或其他特定目的的资产进行价值评估。

第二十二条 农村集体经济组织以出售、置换、报废等方式处置资产时，应当按照有关法律、法规和政策规定的权限与程序进行。发生的资产损失，应当及时核实，查清责任，追偿损失，并进行账务处理。

第二十三条 农村集体经济组织依法依规对外投资或进行集体资产转让、发包、租赁等情形时，应当签订书面合同，明确双方的权利义务，合理确定价格。

农村集体经济组织以及农村集体经济组织经营管理人员，不得以本集体资产为其他单位和个人提供担保。

第五章　收支管理及收益分配

第二十四条 农村集体经济组织生产销售、提供服务、投资收益、让渡集体资产资源使用权和政府给予的经营性补贴等形成的经济利益总流入，应当依法依规加强管理，做好账务处理。

第二十五条 农村集体经济组织用于经营活动、日常管理、村内公益和综合服务、保障村级组织和村务运转等各种支出，应当计入相应的成本费用，加强管理，严格执行审批程序。

第二十六条 农村集体经济组织收益分配以效益为基础，民主决策、科学分配，保障成员合法权益。

第二十七条 农村集体经济组织应当按照有关法律、法规、政策规定及组织章程约定的分配原则，按程序确定收益分配方案，明确分配范围、分配比例等重点事项，向全体成员公示。

第二十八条 农村集体经济组织可分配收益按以下顺序进行分配：

（一）弥补以前年度亏损；

（二）提取公积公益金；

（三）向成员分配收益；

（四）其他。公积公益金按组织章程确定计提比例。

第二十九条 年终收益分配前，农村集体经济组织应当清查资产，清理债权、债务，准确核算年度收入、支出、可分配收益。

第六章　产权管理

第三十条 农村集体经济组织应当清查核实集体资产，明确资产权属，登记资产台账，编制资产负债表；建立成员名册和份额（股份）登记簿。

第三十一条　农村集体经济组织变更资产权属的，应当严格按照有关法律、法规和政策规定进行，并及时进行账务处理。

第三十二条　村庄撤并的，不得混淆集体财务会计账目，不得随意合并、平调集体资产。

第七章　财务信息管理

第三十三条　具备条件的农村集体经济组织与村民委员会应当分设会计账套和银行账户。

第三十四条　农村集体经济组织应当使用科学有效的方式采集、存储、管理和运用财务信息，逐步实现信息化管理，确保财务信息的真实性、完整性和可比性。

第三十五条　农村集体经济组织应当按照国家统一的会计制度有关规定编制年度财务会计报告，按要求报送乡镇人民政府和农业农村部门、财政部门。

第三十六条　农村集体经济组织应当建立财务公开制度，以易于理解和接受的形式公开财务信息，接受成员监督。

第三十七条　农村集体经济组织应当按照《会计档案管理办法》等有关规定，加强会计档案建设和管理，做好会计资料的保管工作。

第八章　附　则

第三十八条　依法代行农村集体经济组织职能的村民委员会、村民小组等参照执行本制度。

第三十九条　地方农业农村部门、财政部门可根据本制度，结合实际情况制定具体实施细则。

第四十条　本制度自 2022 年 1 月 1 日起施行。

附录四
农村集体经济组织会计制度

第一章 总 则

第一条 为规范农村集体经济组织会计工作,加强农村集体经济组织会计核算,根据《中华人民共和国会计法》等有关法律法规,结合农村集体经济组织的实际情况,制定本制度。

第二条 中华人民共和国境内依法设立的农村集体经济组织适用本制度,包括乡镇级集体经济组织、村级集体经济组织、组级集体经济组织。依法代行农村集体经济组织职能的村民委员会、村民小组等参照执行本制度。

第三条 农村集体经济组织应当根据本制度规定和会计业务需要,设置会计机构,或者在有关机构中设置会计人员并指定会计主管人员,或者按照规定委托代理记账,进行会计核算。

第四条 为适应双层经营的需要,农村集体经济组织实行统一核算和分散核算相结合的两级核算体制。农村集体经济组织发生的经济业务应当按照本制度的规定进行会计核算。农村集体经济组织投资设立的企业等应当按照相关会计准则制度单独核算。

第五条 农村集体经济组织应当按照本制度及附录的相关规定,设置和使用会计科目,填制会计凭证,登记会计账簿,编制财务会计报告。

第六条 农村集体经济组织的会计核算应当以持续经营为前提。

第七条 农村集体经济组织的会计核算应当划分会计期间,分期结算账目和编制财务会计报告。会计年度自公历1月1日起至12月31日止。

第八条 农村集体经济组织的会计核算应当以货币计量,以人民币为记账本位币,"元"为金额单位,"元"以下填至"分"。

第九条 农村集体经济组织的会计核算原则上采用权责发生制,会计记账方法采用借贷记账法。

第十条 农村集体经济组织的会计要素包括资产、负债、所有者权益、收入、费用和收益。

第十一条　农村集体经济组织应当以实际发生的交易或者事项为依据进行会计核算，如实反映其财务状况和经营成果。

第十二条　农村集体经济组织应当按照规定的会计处理方法进行会计核算。会计处理方法前后各期应当保持一致，一经确定不得随意变更。

第十三条　农村集体经济组织应当及时进行会计核算，不得提前或者延后。

第十四条　农村集体经济组织在进行会计核算时应当保持应有的谨慎，不得多计或少计资产、负债、收入、费用。

第十五条　农村集体经济组织提供的会计信息应当清晰明了，便于理解和使用。

第十六条　农村集体经济组织的法定代表人应当对本集体经济组织的会计工作和会计资料的真实性、完整性负责。

第二章　资　产

第十七条　农村集体经济组织的资产，是指农村集体经济组织过去的交易或者事项形成的、由农村集体经济组织拥有或者控制的、预期会给农村集体经济组织带来经济利益或者承担公益服务功能的资源。

第十八条　农村集体经济组织的资产按照流动性分为流动资产和非流动资产。农村集体经济组织的资产应当按照成本计量。

流动资产是指在1年内（含1年）或超过1年的一个营业周期内变现、出售或耗用的资产，包括货币资金、短期投资、应收款项、存货、消耗性生物资产等。

非流动资产是指流动资产以外的资产，包括长期投资、生产性生物资产、固定资产、无形资产、公益性生物资产、长期待摊费用等。

第十九条　农村集体经济组织的应收款项包括与成员、非成员（包括单位及个人，下同）之间发生的各种应收及暂付款项。

应收款项应按实际发生额入账。确实无法收回的款项，按规定程序批准核销后，应当计入其他支出。

第二十条　农村集体经济组织的存货包括种子、化肥、燃料、农药、原材料、机械零配件、低值易耗品、在产品、农产品、工业产成品等。

存货按照下列原则计价：

（一）购入的存货，应当按照购买价款、应支付的相关税费、运输费、装卸费、保险费以及外购过程中发生的其他直接费用计价。

（二）在产品以及生产完工入库的农产品和工业产成品，应当按照生产过程中发生的实际支出成本计价。

（三）收到政府补助的存货或者他人捐赠的存货，应当按照有关凭据注明的金额加上相关税费、运输费等计价；没有相关凭据的，按照资产评估价值或者比照同类或类似存货的市场价格，加上相关税费、运输费等计价。如无法采用上述方法计价的，应当按照名义金额（人民币1元，下同）计价，相关税费、运输费等计入其他支出，同时在备查簿中登记说明。

（四）提供劳务的成本，按照与劳务提供直接相关的人工费、材料费和应分摊的间接费用计价。

（五）盘盈的存货，应当按照同类或类似存货的市场价格或评估价值计价。

第二十一条 农村集体经济组织应当采用先进先出法、加权平均法或者个别计价法确定领用或出售的出库存货成本。计价方法一经确定，不得随意变更。

第二十二条 农村集体经济组织的存货发生毁损或报废时，按规定程序报经批准后，处置收入、赔偿金额（含可收回的责任人和保险公司赔偿的金额等，下同）扣除其成本、相关税费和清理费用后的净额，应当计入其他收入或其他支出。

盘盈存货实现的收益应当计入其他收入。

盘亏存货发生的损失应当计入其他支出。

第二十三条 农村集体经济组织的对外投资包括短期投资和长期投资。短期投资是指能够随时变现并且持有时间不准备超过1年（含1年）的投资。长期投资是指除短期投资以外的投资，即持有时间准备超过1年（不含1年）的投资。

对外投资按照下列原则计价：

（一）以货币资金方式投资的，应当按照实际支付的价款和相关税费计价。

（二）以实物资产、无形资产等非货币性资产方式投资的，应当按照评估确认或者合同、协议约定的价值和相关税费计价，实物资产、无形资产等重估确认价值与其账面价值之间的差额，计入公积公益金。

第二十四条 农村集体经济组织对外投资取得的现金股利、利润或利息等计入投资收益。

处置对外投资时，应当将处置价款扣除其账面价值、相关税费后的净额，计入投资收益。

第二十五条 农村集体经济组织的生物资产包括消耗性生物资产、生产性生物资产和公益性生物资产。消耗性生物资产包括生长中的大田作物、蔬菜、用材林以及存栏待售的牲畜、鱼虾贝类等为出售而持有的、或在将来收获为农产品的生物资产。生产性生物资产包括经济林、薪炭林、产役畜等为产出农产品、提供劳务或出租等目的而持有的生物资产。公益性生物资产包括防风固沙林、水土保持林和水源涵养林等以防护、环境保护为主要目的的生物资产。

生物资产按照下列原则计价：

（一）购入的生物资产应当按照购买价款、应支付的相关税费、运输费以及外购过程发生的其他直接费用计价。

（二）自行栽培、营造、繁殖或养殖的消耗性生物资产，应当按照下列规定确定其成本：

自行栽培的大田作物和蔬菜的成本，包括在收获前耗用的种子、肥料、农药等材料费、人工费和应分摊的间接费用等必要支出。

自行营造的林木类消耗性生物资产的成本，包括郁闭前发生的造林费、抚育费、营林设施费、良种试验费、调查设计费和应分摊的间接费用等必要支出。

自行繁殖的育肥畜的成本，包括出售前发生的饲料费、人工费和应分摊的间接费用等必要支出。

水产养殖的动物和植物的成本，包括在出售或入库前耗用的苗种、饲料、肥料等材料费、人工费和应分摊的间接费用等必要支出。

（三）自行营造或繁殖的生产性生物资产，应当按照下列规定确定其成本：

自行营造的林木类生产性生物资产的成本，包括达到预定生产经营目的前发生的造林费、抚育费、营林设施费、良种试验费、调查设计费和应分摊的间接费用等必要支出。

自行繁殖的产畜和役畜的成本，包括达到预定生产经营目的（成龄）前发生的饲料费、人工费和应分摊的间接费用等必要支出。

达到预定生产经营目的，是指生产性生物资产进入正常生产期，可以多年连续稳定产出农产品、提供劳务或出租。

（四）自行营造的公益性生物资产，应当按照郁闭前发生的造林费、抚育费、森林保护费、营林设施费、良种试验费、调查设计费和应分摊的间接费用等必要支出计价。

（五）收到政府补助的生物资产或者他人捐赠的生物资产，应当按照有关凭据注明的金额加上相关税费、运输费等计价；没有相关凭据的，按照资产评估价值或者比照同类或类似生物资产的市场价格，加上相关税费、运输费等计价。如无法采用上述方法计价的，应当按照名义金额计价，相关税费、运输费等计入其他支出，同时在备查簿中登记说明。

第二十六条 农村集体经济组织应当对所有达到预定生产经营目的的生产性生物资产计提折旧，但以名义金额计价的生产性生物资产除外。

对于达到预定生产经营目的的生产性生物资产，农村集体经济组织应当对生产性生物资产原价（成本）扣除其预计净残值后的金额在生产性生物资产使用寿命内按照年限平均法或工作量法等计提折旧，并根据其受益对象计入相关资产成本或者当期损益。

农村集体经济组织应当根据生产性生物资产的性质、使用情况和与该生物资产有关的经济利益的预期消耗方式，合理确定生产性生物资产的使用寿命、预计净残值和折旧方法。生产性生物资产的使用寿命、预计净残值和折旧方法一经确定，不得随意变更。

农村集体经济组织应当按月计提生产性生物资产折旧，当月增加的生产性生物资产，当月不计提折旧，从下月起计提折旧；当月减少的生产性生物资产，当月仍计提折旧，从下月起不再计提折旧。生产性生物资产提足折旧后，不论能否继续使用，均不再计提折旧；提前处置的生产性生物资产，也不再补提折旧。

第二十七条 农村集体经济组织的生物资产死亡或毁损时，按规定程序报经批准后，处置收入、赔偿金额扣除其账面价值、相关税费和清理费用后的净额，应当计入其他收入或其他支出。

生产性生物资产的账面价值，是指生产性生物资产原价（成本）扣减累计折旧后的金额。

第二十八条 农村集体经济组织的固定资产包括使用年限在 1 年以上的房屋、建筑物、机器、设备、工具、器具、生产设施和农业农村基础设施等。

固定资产按照下列原则计价：

（一）购入的固定资产，不需要安装的，应当按照购买价款和采购费、应支付的相关税费、包装费、运输费、装卸费、保险费以及外购过程中发生的其他直接费用计价；需要安装或改装的，还应当加上安装调试费或改装费。

（二）自行建造的固定资产，应当按照其成本即该项资产至交付使用前所发生的全部必要支出计价。已交付使用但尚未办理竣工决算手续的固定资产，应当按照估计价值入账，待办理竣工决算后再按照实际成本调整原来的暂估价值。

（三）收到政府补助的固定资产或者他人捐赠的固定资产，应当按照有关凭据注明的金额加上相关税费、运输费等计价；没有相关凭据的，按照资产评估价值或者比照同类或类似固定资产的市场价格，加上相关税费、运输费等计价。如无法采用上述方法计价的，应当按照名义金额计价，相关税费、运输费等计入其他支出，同时在备查簿中登记说明。

（四）盘盈的固定资产，应当按照同类或类似全新固定资产的市场价格或评估价值，扣除按照该固定资产新旧程度估计的折旧后的余额计价。

第二十九条 农村集体经济组织应当对所有的固定资产计提折旧，但以名义金额计价的固定资产除外。

农村集体经济组织应当在固定资产预计使用寿命内，对固定资产原价（成本）扣除预计净残值后的金额，按照年限平均法或工作量法等计提折旧，并根据该固定资产的受益对象计入相关资产成本或者当期损益。

农村集体经济组织应当根据固定资产的性质、使用情况和与该固定资产有关的经济利益的预期消耗方式，合理确定固定资产的使用寿命、预计净残值和折旧方法。固定资产的使用寿命、预计净残值和折旧方法一经确定，不得随意变更。

农村集体经济组织应当按月计提固定资产折旧，当月增加的固定资产，当月不计提折旧，从下月起计提折旧；当月减少的固定资产，当月仍计提折旧，从下月起不再计提折旧。固定资产提足折旧后，不论能否继续使用，均不再计提折旧；提前报废的固定资产，也不再补提折旧。

第三十条　农村集体经济组织固定资产的后续支出应当区分修理费用和改扩建支出。固定资产的改扩建支出，是指改变固定资产结构、延长使用年限等发生的支出。

固定资产的改扩建支出，应当计入固定资产的成本，并按照重新确定的固定资产成本以及重新确定的折旧年限（预计尚可使用年限）计算折旧额；但已提足折旧的固定资产改扩建支出应当计入长期待摊费用，并按照固定资产预计尚可使用年限采用年限平均法分期摊销。固定资产的修理费用按照用途直接计入有关支出项目。

第三十一条　农村集体经济组织处置固定资产时，处置收入扣除其账面价值、相关税费和清理费用后的净额，应当计入其他收入或其他支出。

固定资产的账面价值，是指固定资产原价（成本）扣减累计折旧后的金额。

盘盈固定资产实现的收益应当计入其他收入。

盘亏固定资产发生的损失应当计入其他支出。

第三十二条　农村集体经济组织的在建工程是指尚未完工的工程项目。在建工程按实际发生的支出或应支付的工程价款计价。形成固定资产的，待完工交付使用后，计入固定资产。未形成固定资产的，待项目完成后，计入经营支出、公益支出或其他支出。

在建工程部分发生报废或毁损，按规定程序批准后，按照扣除残料价值和赔偿金额后的净损失，计入在建工程成本。单项工程报废以及由于自然灾害等非常原因造成的报废或毁损，其净损失计入其他支出。

第三十三条　农村集体经济组织的无形资产包括专利权、商标权、著作权、非专利技术、土地经营权、林权、草原权等由其拥有或控制的、没有实物形态的可辨认非货币性资产。

无形资产按照下列原则计价：

（一）购入的无形资产应当按照购买价款、应支付的相关税费以及相关的其他直接费用计价。

（二）自行开发并按法律程序申请取得的无形资产，应当按照依法取得时发生的注册费、代理费等实际支出计价。

（三）收到政府补助的无形资产或者他人捐赠的无形资产，应当按照有关凭据注明的金额加上相关税费等计价；没有相关凭据的，按照资产评估价值或者比照同类或类似无形资产的市场价格，加上相关税费等计价。如无法采用上述方法计价的，应当按照名义金额计价，相关税费等计入其他支出，同时在备查簿中登记说明。

第三十四条 农村集体经济组织的无形资产应当从使用之日起在其预计使用寿命内采用年限平均法等合理方法进行摊销，并根据无形资产的受益对象计入相关资产成本或者当期损益。名义金额计价的无形资产不应摊销。无形资产的摊销期自可供使用时开始至停止使用或出售时止，并应当符合有关法律法规规定或合同约定的使用年限。无形资产的使用寿命和摊销方法一经确定，不得随意变更。

农村集体经济组织应当按月对无形资产进行摊销，当月增加的无形资产，当月开始摊销；当月减少的无形资产，当月不再摊销。

不能可靠估计无形资产使用寿命的，摊销期不得低于 10 年。

第三十五条 农村集体经济组织处置无形资产时，处置收入扣除其账面价值、相关税费等后的净额，应当计入其他收入或其他支出。

无形资产的账面价值，是指无形资产成本扣减累计摊销后的金额。

第三十六条 农村集体经济组织接受政府补助和他人捐赠等形成的资产（含扶贫项目资产），应当设置备查簿进行登记管理。

第三十七条 农村集体经济组织应当在每年年度终了，对应收款项、存货、对外投资、生物资产、固定资产、在建工程、无形资产等资产进行全面清查，做到账实相符；对于已发生损失但尚未批准核销的相关资产，应当在会计报表附注中予以披露。

第三章 负 债

第三十八条 农村集体经济组织的负债，是指农村集体经济组织过去的交易或者事项形成的、预期会导致经济利益流出农村集体经济组织的现时义务。

第三十九条 农村集体经济组织的负债按照流动性分为流动负债和非流动负债。农村集体经济组织的负债按照实际发生额计价。

流动负债是指偿还期在 1 年以内（含 1 年）或超过 1 年的一个营业周期内的债务，包括短期借款、应付款项、应付工资、应付劳务费、应交税费等。

非流动负债是指流动负债以外的负债，包括长期借款及应付款、一事一议资金、专项应付款等。

第四十条 农村集体经济组织的借款应当根据本金和合同利率按期计提利息，计入其他支出。农村集体经济组织的借款分为短期借款和长期借款，分别核算农村集体经济组织向银行等金融机构或相关单位、个人等借入的期限在 1 年以内（含 1 年）、1 年以上（不含 1 年）的借款。

第四十一条　农村集体经济组织的应付款项包括与成员、非成员之间发生的各种应付及暂收款项。对发生因债权人特殊原因等确实无法偿还的或者债权人对农村集体经济组织债务豁免的应付款项，应当计入其他收入。

第四十二条　农村集体经济组织的应付工资，是指农村集体经济组织为获得管理人员、固定员工等职工提供的服务而应付给职工的各种形式的报酬以及其他相关支出。

第四十三条　农村集体经济组织的应付劳务费，是指农村集体经济组织为获得季节性用工等临时性工作人员提供的劳务而应支付的各种形式的报酬以及其他相关支出。

第四十四条　农村集体经济组织的一事一议资金，是指农村集体经济组织兴办村民直接受益的集体生产生活等公益事业，按一事一议的形式筹集的专项资金。

第四十五条　农村集体经济组织的专项应付款，是指农村集体经济组织获得政府给予的具有专门用途且未来应支付用于专门用途（如建造长期资产等）的专项补助资金。农村集体经济组织获得政府给予的保障村级组织和村务运转的补助资金以及贷款贴息等经营性补助资金，作为补助收入，不在专项应付款中核算。

第四章　所有者权益

第四十六条　农村集体经济组织的所有者权益，是指农村集体经济组织资产扣除负债后由全体成员享有的剩余权益。

农村集体经济组织的所有者权益包括资本、公积公益金、未分配收益等。

第四十七条　农村集体经济组织的资本，是指农村集体经济组织按照章程等确定的属于本集体经济组织成员集体所有的相关权益金额。

第四十八条　农村集体经济组织的公积公益金，包括按照章程确定的计提比例从本年收益中提取的公积公益金，政府补助或接受捐赠的资产（计入补助收入的资金除外），对外投资中资产重估确认价值与原账面价值的差额，一事一议筹资筹劳转入，收到的征用土地补偿费等。

农村集体经济组织按照有关规定用公积公益金弥补亏损等，应当冲减公积公益金。

第五章　成本、收入和费用

第四十九条　农村集体经济组织的生产（劳务）成本，是指农村集体经济组织直接组织生产或对外提供劳务等活动所发生的各项生产费用和劳务支出。

第五十条 农村集体经济组织的收入,是指农村集体经济组织在日常活动中形成的、会导致所有者权益增加的、与成员投入资本无关的经济利益总流入,包括经营收入、投资收益、补助收入、其他收入等。

第五十一条 经营收入,是指农村集体经济组织进行各项生产销售、提供劳务、让渡集体资产资源使用权等经营活动取得的收入,包括销售收入、劳务收入、出租收入、发包收入等。

销售收入,是指农村集体经济组织销售产品物资等取得的收入。劳务收入,是指农村集体经济组织对外提供劳务或服务等取得的收入。农村集体经济组织应当根据合同或协议约定,于产品物资已经发出、劳务已经提供,同时收讫价款或取得收款凭据时,确认销售收入、劳务收入。

出租收入,是指农村集体经济组织出租固定资产、无形资产等取得的租金收入。发包收入,是指农村集体经济组织取得的,由成员、其他单位或个人因承包集体土地等集体资产资源上交的承包金或利润等。农村集体经济组织应当根据合同或协议约定,于收讫价款或取得收款凭据时,确认出租收入、发包收入。一次收取多期款项的,应当将收款金额分摊至各个受益期,分期确认出租收入、发包收入。

第五十二条 投资收益,是指农村集体经济组织对外投资所取得的收益扣除发生的投资损失后的净额。投资所取得的收益包括对外投资取得的现金股利、利润或利息等,以及对外投资到期收回或中途转让取得款项高于账面余额、相关税费的差额等;投资损失是指对外投资到期收回或中途转让取得款项低于账面余额、相关税费的差额等。

第五十三条 补助收入,是指农村集体经济组织获得的政府给予的保障村级组织和村务运转的补助资金以及贷款贴息等经营性补助资金。农村集体经济组织应当按实际收到的金额确认补助收入。政府给予农户的经营性补贴不确认为农村集体经济组织的补助收入。

第五十四条 其他收入,是指农村集体经济组织取得的除经营收入、投资收益、补助收入以外的收入,包括盘盈收益、确实无法支付的应付款项、存款利息收入等。农村集体经济组织应当于收入实现时确认其他收入。

第五十五条 农村集体经济组织的费用,是指农村集体经济组织在日常活动中发生的、会导致所有者权益减少的、与向成员分配无关的经济利益的总流出,包括经营支出、税金及附加、管理费用(含运转支出)、公益支出、其他支出等。农村集体经济组织的费用一般应当在发生时按照其发生额计入当期损益。

第五十六条 经营支出,是指农村集体经济组织因销售商品、提供劳务、让渡集体资产资源使用权等经营活动而发生的实际支出,包括销售商品的成本、对外提供劳务的成本、维修费、运输费、保险费、生产性生物资产的管护饲养费用及其成本摊销、出租固定资产或无形资产的折旧或摊销等。

第五十七条 税金及附加，是指农村集体经济组织从事生产经营活动按照税法的有关规定应负担的消费税、城市维护建设税、资源税、房产税、城镇土地使用税、车船税、印花税、教育费附加及地方教育附加等相关税费。

第五十八条 管理费用，是指农村集体经济组织管理活动发生的各项支出，包括管理人员及固定员工的工资、办公费、差旅费、管理用固定资产修理费、管理用固定资产折旧、管理用无形资产摊销、聘请中介机构费、咨询费、诉讼费等，以及保障村级组织和村务运转的各项支出。

第五十九条 公益支出，是指农村集体经济组织发生的用于本集体经济组织内部公益事业、集体福利或成员福利的各项支出，以及公益性固定资产折旧和修理费等。

第六十条 其他支出，是指农村集体经济组织发生的除经营支出、税金及附加、管理费用、公益支出、所得税费用以外的支出，包括生物资产的死亡毁损支出、损失，固定资产及存货等的盘亏、损失，防灾抢险支出，罚款支出，捐赠支出，确实无法收回的应收款项损失，借款利息支出等。

第六章 收益及收益分配

第六十一条 农村集体经济组织的收益，是指农村集体经济组织在一定会计期间的经营成果。

农村集体经济组织的收益总额按照下列公式计算：

收益总额＝经营收益＋其他收入－公益支出－其他支出

其中：经营收益＝经营收入＋投资收益＋补助收入－经营支出－税金及附加－管理费用

净收益，是指收益总额减去所得税费用后的净额。

第六十二条 农村集体经济组织应当按照税法有关规定计算的应纳所得税额，按期确认所得税费用。

农村集体经济组织应当在收益总额基础上，按照税法有关规定进行纳税调整，计算当期应纳税所得额，按照应纳税所得额与适用所得税税率为基础计算确定当期应纳所得税额。

第六十三条 农村集体经济组织当年收益加上年初未分配收益为本年可分配收益，主要用于弥补亏损、提取公积公益金、向成员分配等。在提取公积公益金、向成员实际分配收益等时，应当减少本年可分配收益。

第七章 财务会计报告

第六十四条 农村集体经济组织财务会计报告是对其财务状况、经营成果等的结构性表述，包括会计报表和会计报表附注。

第六十五条 农村集体经济组织的会计报表包括资产负债表、收益及收益分配表。

资产负债表，是指反映农村集体经济组织在某一特定日期财务状况的报表。

收益及收益分配表，是指反映农村集体经济组织在一定会计期间内收益实现及其分配情况的报表。

第六十六条 农村集体经济组织可以根据需要编制月度或季度科目余额表和收支明细表。科目余额表，反映农村集体经济组织资产类、负债类、所有者权益类和成本类会计科目在月末或季度末的期末余额。收支明细表，反映农村集体经济组织损益类会计科目在各月或各季度的本期发生额。

第六十七条 会计报表附注，是指对在资产负债表、收益及收益分配表等会计报表中列示项目的文字表述或明细资料，以及对未能在这些会计报表中列示项目的说明等。

会计报表附注应当按照下列顺序披露：

（一）遵循农村集体经济组织会计制度的声明。

（二）农村集体经济组织的基本情况。

（三）农村集体经济组织的资本形成情况、成员享有的经营性财产收益权份额结构及成员权益变动情况。

（四）会计报表重要项目的进一步说明。

（五）已发生损失但尚未批准核销的相关资产名称、金额等情况及说明。

（六）以名义金额计量的资产名称、数量等情况，以及以名义金额计量理由的说明；若涉及处置的，还应披露以名义金额计量的资产的处置价格、处置程序等情况。

（七）对已在资产负债表、收益及收益分配表中列示项目与企业所得税法规定存在差异的纳税调整过程。

（八）根据国家有关法律法规和集体经济组织章程等规定，需要在会计报表附注中说明的其他重要事项。

第六十八条 农村集体经济组织对会计政策变更、会计估计变更和前期差错更正应当采用未来适用法进行会计处理。

会计政策变更，是指农村集体经济组织在会计确认、计量和报告中所采用的原则、基础和会计处理方法的变更。会计估计变更，是指由于资产和负债的当前状况及预期经济利益和义务发生了变化，从而对资产或负债的账面价值或者资产的定期消耗金额进行调整。前期差错更正，是指对前期差错包括计算错误、应用会计政策错误、应用会计估计错误等进行更正。未来适用法，是指将变更后的会计政策和会计估计应用于变更日及以后发生的交易或者事项，或者在会计差错发生或发现的当期更正差错的方法。

第八章 附 则

第六十九条 农村集体经济组织填制会计凭证、登记会计账簿、管理会计档案等，应当按照《会计基础工作规范》《会计档案管理办法》等规定执行。

第七十条 本制度自 2024 年 1 月 1 日起施行。《村集体经济组织会计制度》（财会〔2004〕12 号）同时废止。

附录五
农村土地承包合同管理办法

第一章 总 则

第一条 为了规范农村土地承包合同的管理，维护承包合同当事人的合法权益，维护农村社会和谐稳定，根据《中华人民共和国农村土地承包法》等法律及有关规定，制定本办法。

第二条 农村土地承包经营应当巩固和完善以家庭承包经营为基础、统分结合的双层经营体制，保持农村土地承包关系稳定并长久不变。农村土地承包经营，不得改变土地的所有权性质。

第三条 农村土地承包经营应当依法签订承包合同。土地承包经营权自承包合同生效时设立。

承包合同订立、变更和终止的，应当开展土地承包经营权调查。

第四条 农村土地承包合同管理应当遵守法律、法规，保护土地资源的合理开发和可持续利用，依法落实耕地利用优先序。发包方和承包方应当依法履行保护农村土地的义务。

第五条 农村土地承包合同管理应当充分维护农民的财产权益，任何组织和个人不得剥夺和非法限制农村集体经济组织成员承包土地的权利。妇女与男子享有平等的承包农村土地的权利。

承包方承包土地后，享有土地承包经营权，可以自己经营，也可以保留土地承包权，流转其承包地的土地经营权，由他人经营。

第六条 农业农村部负责全国农村土地承包合同管理的指导。

县级以上地方人民政府农业农村主管（农村经营管理）部门负责本行政区域内农村土地承包合同管理。

乡（镇）人民政府负责本行政区域内农村土地承包合同管理。

第二章 承包方案

第七条 本集体经济组织成员的村民会议依法选举产生的承包工作小组，应当依照法律、法规的规定拟订承包方案,并在本集体经济组织范围内公示不少于十五日。

承包方案应当依法经本集体经济组织成员的村民会议三分之二以上成员或者三分之二以上村民代表的同意。

承包方案由承包工作小组公开组织实施。

第八条 承包方案应当符合下列要求:

(一)内容合法;

(二)程序规范;

(三)保障农村集体经济组织成员合法权益;

(四)不得违法收回、调整承包地;

(五)法律、法规和规章规定的其他要求。

第九条 县级以上地方人民政府农业农村主管(农村经营管理)部门、乡(镇)人民政府农村土地承包管理部门应当指导制定承包方案,并对承包方案的实施进行监督,发现问题的,应当及时予以纠正。

第三章 承包合同的订立、变更和终止

第十条 承包合同应当符合下列要求:

(一)文本规范;

(二)内容合法;

(三)双方当事人签名、盖章或者按指印;

(四)法律、法规和规章规定的其他要求。

县级以上地方人民政府农业农村主管(农村经营管理)部门、乡(镇)人民政府农村土地承包管理部门应当依法指导发包方和承包方订立、变更或者终止承包合同,并对承包合同实施监督,发现不符合前款要求的,应当及时通知发包方更正。

第十一条 发包方和承包方应当采取书面形式签订承包合同。

承包合同一般包括以下条款:

(一)发包方、承包方的名称,发包方负责人和承包方代表的姓名、住所;

(二)承包土地的名称、坐落、面积、质量等级;

(三)承包方家庭成员信息;

(四)承包期限和起止日期;

(五)承包土地的用途;

(六)发包方和承包方的权利和义务;

(七)违约责任。

承包合同示范文本由农业农村部制定。

第十二条 承包合同自双方当事人签名、盖章或者按指印时成立。

第十三条 承包期内，出现下列情形之一的，承包合同变更：

（一）承包方依法分立或者合并的；

（二）发包方依法调整承包地的；

（三）承包方自愿交回部分承包地的；

（四）土地承包经营权互换的；

（五）土地承包经营权部分转让的；

（六）承包地被部分征收的；

（七）法律、法规和规章规定的其他情形。

承包合同变更的，变更后的承包期限不得超过承包期的剩余期限。

第十四条 承包期内，出现下列情形之一的，承包合同终止：

（一）承包方消亡的；

（二）承包方自愿交回全部承包地的；

（三）土地承包经营权全部转让的；

（四）承包地被全部征收的；

（五）法律、法规和规章规定的其他情形。

第十五条 承包地被征收、发包方依法调整承包地或者承包方消亡的，发包方应当变更或者终止承包合同。

除前款规定的情形外，承包合同变更、终止的，承包方向发包方提出申请，并提交以下材料：

（一）变更、终止承包合同的书面申请；

（二）原承包合同；

（三）承包方分立或者合并的协议，交回承包地的书面通知或者协议，土地承包经营权互换合同、转让合同等其他相关证明材料；

（四）具有土地承包经营权的全部家庭成员同意变更、终止承包合同的书面材料；

（五）法律、法规和规章规定的其他材料。

第十六条 省级人民政府农业农村主管部门可以根据本行政区域实际依法制定承包方分立、合并、消亡而导致承包合同变更、终止的具体规定。

第十七条 承包期内，因自然灾害严重毁损承包地等特殊情形对个别农户之间承包地需要适当调整的，发包方应当制定承包地调整方案，并应当经本集体经济组织成员的村民会议三分之二以上成员或者三分之二以上村民代表的同意。承包合同中约定不得调整的，按照其约定。

调整方案通过之日起二十个工作日内，发包方应当将调整方案报乡（镇）人民政府和县级人民政府农业农村主管（农村经营管理）部门批准。

乡（镇）人民政府应当于二十个工作日内完成调整方案的审批，并报县级人民政府农业农村主管（农村经营管理）部门；县级人民政府农业农村主管（农村经营管理）部门应当于二十个工作日内完成调整方案的审批。乡（镇）人民政府、县级人民政府农业农村主管（农村经营管理）部门对违反法律、法规和规章规定的调整方案，应当及时通知发包方予以更正，并重新申请批准。

调整方案未经乡（镇）人民政府和县级人民政府农业农村主管（农村经营管理）部门批准的，发包方不得调整承包地。

第十八条 承包方自愿将部分或者全部承包地交回发包方的，承包方与发包方在该土地上的承包关系终止，承包期内其土地承包经营权部分或者全部消灭，并不得再要求承包土地。

承包方自愿交回承包地的，应当提前半年以书面形式通知发包方。承包方对其在承包地上投入而提高土地生产能力的，有权获得相应的补偿。交回承包地的其他补偿，由发包方和承包方协商确定。

第十九条 为了方便耕种或者各自需要，承包方之间可以互换属于同一集体经济组织的不同承包地块的土地承包经营权。

土地承包经营权互换的，应当签订书面合同，并向发包方备案。

承包方提交备案的互换合同，应当符合下列要求：

（一）互换双方是属于同一集体经济组织的农户；

（二）互换后的承包期限不超过承包期的剩余期限；

（三）法律、法规和规章规定的其他事项。

互换合同备案后，互换双方应当与发包方变更承包合同。

第二十条 经承包方申请和发包方同意，承包方可以将部分或者全部土地承包经营权转让给本集体经济组织的其他农户。

承包方转让土地承包经营权的，应当以书面形式向发包方提交申请。发包方同意转让的，承包方与受让方应当签订书面合同；发包方不同意转让的，应当于七日内向承包方书面说明理由。发包方无法定理由的，不得拒绝同意承包方的转让申请。未经发包方同意的，土地承包经营权转让合同无效。

土地承包经营权转让合同，应当符合下列要求：

（一）受让方是本集体经济组织的农户；

（二）转让后的承包期限不超过承包期的剩余期限；

（三）法律、法规和规章规定的其他事项。

土地承包经营权转让后，受让方应当与发包方签订承包合同。原承包方与发包方在该土地上的承包关系终止，承包期内其土地承包经营权部分或者全部消灭，并不得再要求承包土地。

第四章 承包档案和信息管理

第二十一条 承包合同管理工作中形成的，对国家、社会和个人有保存价值的文字、图表、声像、数据等各种形式和载体的材料，应当纳入农村土地承包档案管理。

县级以上地方人民政府农业农村主管（农村经营管理）部门、乡（镇）人民政府农村土地承包管理部门应当制定工作方案、健全档案工作管理制度、落实专项经费、指定工作人员、配备必要设施设备，确保农村土地承包档案完整与安全。

发包方应当将农村土地承包档案纳入村级档案管理。

第二十二条 承包合同管理工作中产生、使用和保管的数据，包括承包地权属数据、地理信息数据和其他相关数据等，应当纳入农村土地承包数据管理。

县级以上地方人民政府农业农村主管（农村经营管理）部门负责本行政区域内农村土地承包数据的管理，组织开展数据采集、使用、更新、保管和保密等工作，并向上级业务主管部门提交数据。

鼓励县级以上地方人民政府农业农村主管（农村经营管理）部门通过数据交换接口、数据抄送等方式与相关部门和机构实现承包合同数据互通共享，并明确使用、保管和保密责任。

第二十三条 县级以上地方人民政府农业农村主管（农村经营管理）部门应当加强农村土地承包合同管理信息化建设，按照统一标准和技术规范建立国家、省、市、县等互联互通的农村土地承包信息应用平台。

第二十四条 县级以上地方人民政府农业农村主管（农村经营管理）部门、乡（镇）人民政府农村土地承包管理部门应当利用农村土地承包信息应用平台，组织开展承包合同网签。

第二十五条 承包方、利害关系人有权依法查询、复制农村土地承包档案和农村土地承包数据的相关资料，发包方、乡（镇）人民政府农村土地承包管理部门、县级以上地方人民政府农业农村主管（农村经营管理）部门应当依法提供。

第五章 土地承包经营权调查

第二十六条 土地承包经营权调查，应当查清发包方、承包方的名称，发包方负责人和承包方代表的姓名、身份证号码、住所，承包方家庭成员，承包地块的名称、坐落、面积、质量等级、土地用途等信息。

第二十七条 土地承包经营权调查应当按照农村土地承包经营权调查规程实施，

一般包括准备工作、权属调查、地块测量、审核公示、勘误修正、结果确认、信息入库、成果归档等。

农村土地承包经营权调查规程由农业农村部制定。

第二十八条 土地承包经营权调查的成果，应当符合农村土地承包经营权调查规程的质量要求，并纳入农村土地承包信息应用平台统一管理。

第二十九条 县级以上地方人民政府农业农村主管（农村经营管理）部门、乡（镇）人民政府农村土地承包管理部门依法组织开展本行政区域内的土地承包经营权调查。

土地承包经营权调查可以依法聘请具有相应资质的单位开展。

第六章 法律责任

第三十条 国家机关及其工作人员利用职权干涉承包合同的订立、变更、终止，给承包方造成损失的，应当依法承担损害赔偿等责任；情节严重的，由上级机关或者所在单位给予直接责任人员处分；构成犯罪的，依法追究刑事责任。

第三十一条 土地承包经营权调查、农村土地承包档案管理、农村土地承包数据管理和使用过程中发生的违法行为，根据相关法律法规的规定予以处罚；构成犯罪的，依法追究刑事责任。

第七章 附 则

第三十二条 本办法所称农村土地，是指除林地、草地以外的，农民集体所有和国家所有依法由农民集体使用的耕地和其他依法用于农业的土地。

本办法所称承包合同，是指在家庭承包方式中，发包方和承包方依法签订的土地承包经营权合同。

第三十三条 本办法施行以前依法签订的承包合同继续有效。

第三十四条 本办法自 2023 年 5 月 1 日起施行。农业部 2003 年 11 月 14 日发布的《中华人民共和国农村土地承包经营权证管理办法》（农业部令第 33 号）同时废止。

图书在版编目（CIP）数据

农村集体经济发展与资产管理 / 王彩明主编.
济南：济南出版社，2024.10. ——（乡村振兴）.
ISBN 978-7-5488-6570-4

Ⅰ.F321.32
中国国家版本馆CIP数据核字第20246C89J3号

农村集体经济发展与资产管理

王彩明　主编

出 版 人	谢金岭
图书策划	朱　磊
出版统筹	穆舰云
特约审读	钱　龙
特约编辑	张韶明
责任编辑	李　媛
封面设计	王　焱

出版发行　济南出版社
地　　址　山东省济南市二环南路1号（250002）
编 辑 部　0531-82774073
发行电话　0531-67817923　86018273　86131701　86922073
印　　刷　济南鲁艺彩印有限公司
版　　次　2024年10月第1版
印　　次　2024年10月第1次印刷
成品尺寸　185mm×260mm　16开
印　　张　11.5
字　　数　238千
书　　号　978-7-5488-6570-4
定　　价　34.00元

如有印装质量问题　请与出版社出版部联系调换
电话：0531-86131736

版权所有　盗版必究